Mémoire et langage

Surdité, dysphasie, dyslexie

CHEZ LE MÊME ÉDITEUR

Du même auteur

Concours d'entrée orthophonistes. Sujets et corrigés, par M. Touzin, A. Dumont. 2000, 192 pages.

Réussir le concours d'entrée dans les centres de formation d'orthophonie, par M. Touzin, A. Dumont. *Collection Prépa Concours Santé.* 1998, 2e édition, 199 pages.

L'orthophoniste et l'enfant sourd, par A. Dumont. *Collection d'Orthophonie*. 1995, 2e édition, 208 pages.

Dans la même collection

Exercices phonétiques polyvalents, par F. Estienne. 2000, 152 pages.

L'écriture en chantier. Pour les dyslexiques et les dysorthographiques, par F. Estienne. 2000, 192 pages.

Méthode d'initiation à l'écrit. Pour les dyslexiques et les dysorthographiques, par F. Estienne. 1999, 248 pages.

Le sujet, son symptôme et le thérapeute du langage, par G. Dubois, J.-P. Kuntz, Ateliers des Thérapeutes du Langage et de la Communication. 1999, 176 pages.

Les fentes faciales. Embryologie, rééducation, accompagnement parental, par F. Vernel-Bonneau, C. Thibault. 1999, 128 pages.

Le langage de l'enfant. Aspects normaux et pathologiques, par C. Chevrie-Muller. 1999, 2e édition, 480 pages.

Voix parlée, voix chantée. Examen et thérapie, par F. Estienne. 1998, 208 pages.

Approche transculturelle des troubles de la communication. Langage et migration, par F. Rosenbaum. 1997, 160 pages.

Dysphasies, troubles mnésiques, syndrome frontal. Du trouble à la rééducation, par M. Mazeau. 1999, 2e édition, 256 pages.

Collection Orthophonie

Mémoire et langage

Surdité, dysphasie, dyslexie

Annie DUMONT

2e édition

MASSON

ISBN : 978-2-294-00684-5

Elsevier Masson S.A.S. - 62, rue Camille-Desmoulins - 92442 Issy-les-Moulineaux Cedex

TABLE DES MATIÈRES

INTRODUCTION

La mémoire est diverse, la mémoire est partout. Elle est à l'origine de toutes les activités cérébrales cognitives et affectives. Génétique, immunologique, instinctuelle, sensorielle, temporelle, spatiale, intellectuelle, émotionnelle… la mémoire engrange des informations de toute nature et les systèmes d'exploitation de ces informations, pérennise les repères, stabilise les connaissances et les souvenirs, construit l'immense réseau nécessaire à notre cohérence existentielle. La mémoire est vivante. La mémoire se souvient dans l'immédiat, à court terme ou à long terme, crée des automatismes et des habitudes, oublie, est bonne ou mauvaise, est d'éléphant ou d'oiseau, flanche, vieillit, se réactualise, se rafraîchit.

Comment les enfants savent-ils que les bananes sont jaunes, que l'ours est un animal, qu'il faut cliquer sur une souris pour accéder aux icônes d'un écran d'ordinateur, que la Terre tourne autour du Soleil, que Phileas Fogg est un personnage de Jules Verne… Ils l'apprennent en mettant en action diverses fonctions mnésiques pour percevoir, comprendre, apprécier, construire la connaissance à conserver, intégrer cet acquis dans un système de repères afin de le rappeler et de l'utiliser dans un nouveau contexte.

Depuis l'aube de la pensée, la mémoire a donné lieu à de nombreuses tentatives de théorisations métaphysiques, philosophiques, physiologiques, fonctionnelles, psychologiques, en particulier psychanalytiques. Cependant depuis les années 1970, ce sont les spécialistes des neurosciences qui construisent des modélisations de l'organisation et du fonctionnement de la mémoire, en particulier dans le processus de construction et de réalisation du langage. Les orthophonistes, avant tout cliniciens et praticiens, s'interrogent plus précisément sur les processus mnésiques, individuels et sociaux, impliqués dans la genèse des troubles du langage.

Dans l'enfance, quand tout se passe bien, c'est-à-dire pour un enfant sans difficultés spécifiques, on se pose peu de questions sur sa mémoire. Pour la plupart des enfants, on évoque rarement les carences mnésiques avant la scolarité primaire, pendant l'apprentissage du langage écrit qui révélera d'éventuelles difficultés dans ce domaine.

Les orthophonistes, par contre, sont d'emblée confrontés aux dysfonctionnements mnésiques à travers les troubles précoces d'acquisition du langage. Le bilan orthophonique comporte une évaluation de l'attention et de la mémorisation, en particulier de la rétention immédiate fréquemment évoquée comme une des causes des troubles d'acquisition du langage.
De plus lorsque l'accès naturel au langage est perturbé par un déficit sensoriel ou structurel sévère, de nombreuses questions doivent être posées sur le fonctionnement spécifique de la mémoire, dans la perspective du traitement :

– les systèmes de mémorisation des enfants dysphasiques, dyslexiques ou sourds sont-ils spécifiques ?
– comment vont se construire leurs processus mnésiques ?
– existe-t-il des phénomènes de compensation ?
– quelles sont les orientations rééducatives à privilégier ?
– quelles sont les possibilités de transferts des apprentissages en dehors des situations de rééducation ?
– comment les parents peuvent-ils en complément de l'orthophonie, aider leur enfant à structurer et à développer sa mémoire ?

Telles sont les questions auxquelles cet ouvrage tentera de répondre dans une perspective pratique et fonctionnelle pour le lecteur.

1

LES MÉMOIRES

De tout temps les hommes ont imaginé et construit des modèles extrapolés souvent des technologies les plus développées de leur époque pour se représenter la mémoire et tenter de cerner son fonctionnement : tour à tour tablette de cire, maison, magnétophone, dictionnaire, ordinateur, bibliothèque, hologramme… furent les supports de ces représentations de la mémoire. Il existe une grande variété de métaphores révélatrices du questionnement continu sur la mémoire; la littérature elle-même utilise souvent la mémoire et ses pathologies comme support dramatique du récit : l'amnésie, l'échange de mémoire à travers des greffes de cerveau, les souvenirs d'enfance…
Comprendre les processus qui sous-tendent l'activité mnésique est fondamental dans la mesure où ces fonctions assurent la cohérence de l'homme dans l'espace et le temps, et l'efficience de son adaptation à son milieu. C'est sous la coordination et le contrôle de la mémoire que nous pensons, agissons, existons, apprenons; à travers des expériences variées et renouvelées à chaque âge de la vie.

Qu'est-ce que la mémoire? Données actuelles sur le système de mémoire

Les données théoriques actuelles révèlent la complexité de la nature et de l'organisation des systèmes de mémoires, tandis que les apports récents de l'imagerie cérébrale fournissent des repérages et induisent de nouvelles questions concernant le rôle de l'hippocampe et celui du cortex préfrontal.
Depuis Simonide de Céos (Ve siècle avant notre ère) on sait que la mémoire s'appuie sur la représentation, et que la méthode des lieux est un procédé mnémotechnique efficace. Alors qu'il venait de sortir de la salle où se déroulait un festin, le poète fut étonné de la facilité avec laquelle il retrouva, grâce à une astuce simple, la place de chacun des convives. Se représenter leur image autour de la table en se plaçant mentalement dans la salle dont le toit s'était effondré,

lui permit de transformer en image mentale les différentes personnes et de se souvenir de chacun. Cette méthode demeure efficace mais elle ne rend que partiellement compte du fonctionnement de la mémoire, notamment dans l'apprentissage du monde environnant.

Remarque

Tout au long de la vie, et quels que soient les apprentissages, mémoriser c'est percevoir, construire et intégrer. Ainsi pour la mémoire des visages, il faut d'abord que soit construit le concept de visage, ce que fait le bébé dans ses premières semaines de vie. Il réalise cette opération à partir de tendances générales qu'ont les très jeunes enfants à établir des contacts visuels et à détecter certaines caractéristiques de l'environnement. Le visage de la mère étant fortement investi par le bébé et fréquemment vu par ce dernier, certaines perceptions sont privilégiées au détriment d'autres. Il en résulte que des cartes représentant les propriétés du visage (la symétrie, l'ovale, la couleur de la chair…) sont sélectionnées.
La cohérence interne de la catégorie « visage » est garantie par les interconnexions entre ces différentes cartes, interconnexions qui peuvent se modifier à l'infini. Quant à l'individualisation des visages, elle est assurée par des schémas particuliers. Nous apprenons ainsi à attribuer des expressions particulières à une même personne. Mais comme les schémas se réorganisent constamment en fonction des affects, du contexte, etc., ils peuvent donner lieu à des erreurs, telles que les fausses reconnaissances. Ainsi, lorsque nous évoquons le visage de notre mère, par exemple, il est probable que l'image qui nous vient à l'esprit n'a jamais existé. Elle est une reconstruction à partir de réminiscences du passé et d'impressions du moment présent.

MODÈLES

Depuis des décennies, la mémoire a été l'objet de multiples débats et controverses quant à sa matérialisation, sa localisation et son fonctionnement. Actuellement, deux grandes classes de modèles de la mémoire humaine sont en compétition : les modèles « informatique » de stockage et les modèles connexionnistes.

Classification

Les modèles informatiques. — Ils postulent qu'il y a correspondance terme à terme entre la mémoire humaine et celle de nos ordinateurs. Dès lors, ils décrivent la mémoire humaine comme étant composée de modules de traitements élémentaires dont les relations fonctionnelles définissent une architecture. Un mécanisme de contrôle gère le flux d'informations traité par le système. Ces informations sont conçues comme des unités bien distinctes les unes des autres, stockées en des lieux précis de la mémoire (métaphore spatiale d'activation).

Les modèles connexionnistes. — Ils marquent une rupture radicale avec les modèles informatiques. Ils postulent que l'information n'est pas localisée précisément mais est répartie dans l'ensemble du système au sein d'un réseau de neurones.

Les processus de mémorisation

La théorie du darwinisme neuronal développé par Edelman est actuellement l'une des expressions les plus achevées d'une interprétation non localisationniste de la mémoire. La théorie d'Edelman est évolutionniste car elle considère le cerveau comme un système adaptatif où sont à l'œuvre les processus que décrivit Darwin à propos des espèces : la variabilité, la sélection et la préservation des réponses les plus appropriées.

Les unités sur lesquelles opèrent ces processus sont les circuits neuronaux qui constituent le système nerveux. Une première sélection a lieu au cours du développement, à travers des mécanismes cellulaires qui sont différenciés pour chaque individu et entraînent une grande diversité des connexions entre cellules nerveuses. La seconde forme de sélection se fait tout au long de la vie à travers l'expérience individuelle. Certains circuits neuronaux sont ainsi privilégiés au détriment d'autres plus sollicités, parce qu'ils sous-tendent des réponses plus adaptées au contexte. Ils sont ensuite conservés par « stabilisation sélective » selon la terminologie de Changeux et forment ainsi des « cartes cérébrales ». Au niveau psychologique, ces cartes correspondent aux représentations. Elles sont connectées entre elles et assurent ainsi la continuité de notre rapport au monde. Mais ces agencements se modifient sans cesse en fonction de leurs configurations antérieures, du contexte en cours et de processus attentionnels... Cette conception neuronale d'activation et d'inhibition apparaît bien corrélée avec le fait qu'apprendre, c'est organiser et établir des liens, activer certaines fonctions et en inhiber d'autres.

> **Remarque**
>
> Bâti sur des principes qui génèrent de la diversité, le système cognitif est fondamentalement créatif. La mémoire, subtil mélange de réel et d'imaginaire, n'enregistre pas les événements à la manière d'un caméscope. Affection, cognition et contexte l'amènent à trier, sélectionner et recomposer les informations qui lui parviennent.

BASES PHYSIOLOGIQUES

Qu'il s'agisse de mettre un pied devant l'autre, de réaliser la tarte aux fraises selon la recette de notre grand-mère, de lire un roman policier ou de résoudre un problème mathématique, tout est régi par notre cerveau. Celui-ci exploite et contrôle une myriade de réseaux neuronaux activant le système nerveux périphérique avec comme finalité l'adaptation optimale aux contraintes du milieu en termes de viabilité et de confort.

Tout commence par une excitation des capteurs sensoriels périphériques qui transmettent le signal sous forme d'influx nerveux au premier neurone. Cet influx est ensuite transmis au second neurone par l'action d'un neuromédiateur, le glutamate. Libéré par le premier neurone au niveau de la synapse, le glutamate agit sur un récepteur particulier du second neurone. Ce récepteur provoque une augmentation de calcium dans la cellule et l'information est captée. Mais pour que ce récepteur soit actif, il faut que le neurone cible soit excité éventuellement par un contact d'un troisième neurone appartenant à un autre réseau. Dans ce cas, il établit le lien entre deux circuits différents, autrement dit entre deux événements. Ainsi nos connaissances et nos souvenirs ont débuté leur carrière par ce que nos neurones ont appris et, face à une situation déjà vécue, ils sont capables de reproduire une réaction précise. Tout laisse à penser que c'est au niveau des synapses, à l'endroit de la connexion entre deux cellules nerveuses que réside la principale clef de l'apprentissage (fig. 1). Trois principaux neuromédiateurs entrent en jeu : l'acétylcholine qui met nos neurones sous tension, le gaba qui régule l'énergie et le glutamate qui permet d'enregistrer une information.

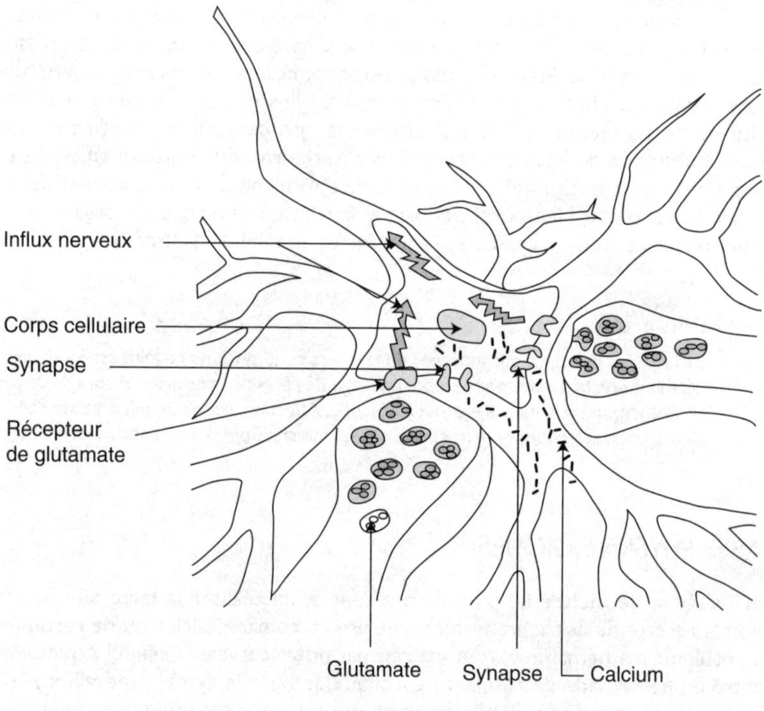

FIG. 1 — Schéma du fonctionnement synaptique.

À travers les réactions chimiques indispensables au passage de l'influx nerveux, le signal se propage ainsi de cellule nerveuse en cellule nerveuse jusqu'aux aires sensorielles et associatives du cerveau. Ce dernier met en marche ses capacités d'analyse, interpelle la mémoire, fait jouer nos émotions et commande une réaction.

Remarque

Chaque expérience laisse une empreinte sur le chemin suivi par l'influx nerveux. Les neurones impliqués dans le circuit en gardent la trace soit pour un bref instant soit pour une durée plus longue et permettent au système nerveux d'imprimer des circuits et de s'organiser. Ainsi notre cerveau ne retient pas tout, il ne cesse de sélectionner les informations en fonction de leur intérêt immédiat ou futur et des émotions qu'elles déclenchent, de notre personnalité et de notre vécu.

NEUROANATOMIE DE LA MÉMOIRE

Les études réalisées avec des patients amnésiques à la suite de lésions cérébrales ont permis, grâce aux techniques d'imagerie cérébrale, de mieux connaître les principaux éléments neurologiques impliqués dans la mémoire (fig. 2).

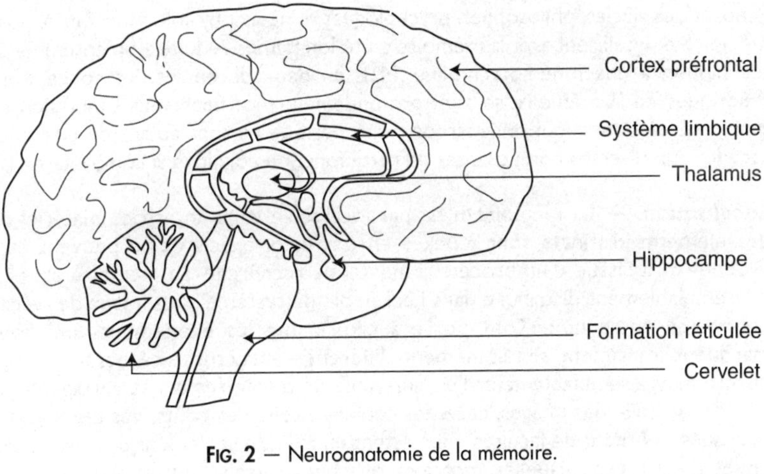

FIG. 2 — Neuroanatomie de la mémoire.

La *formation réticulée* localisée entre le cerveau et la moelle épinière intervient dans le maintien de la vigilance et de l'attention, processus indispensable à l'apprentissage et au rappel des souvenirs.
Le *cervelet* situé entre le bulbe rachidien et le cortex abrite la mémorisation automatique des réflexes.

L'*hippocampe* localisé dans les lobes temporaux semble jouer un rôle fondamental. Lieu de passage obligé des nouvelles connaissances, il les stocke quelque temps avant de les diriger vers le cortex pour une mémorisation durable. C'est aussi à son niveau que les souvenirs se chargent d'affectivité. L'hippocampe fait en effet partie du système limbique, l'une des clefs de nos émotions.
Le *cortex* est le support de la mémoire distribuée car les sens proposent mais le cortex dispose...

Comment fonctionne-t-elle ? Organisation des processus mnésiques

La mémoire n'est pas une entité unitaire mais plutôt un ensemble de systèmes interactifs qui ont une fonction commune en termes de cohérence et d'adaptation : rendre possible l'utilisation de connaissances acquises et retenues. On s'interroge sur le nombre et la nature des systèmes mnésiques et leurs relations mutuelles.
Traditionnellement, pour décrire la mémoire, on évoque d'une part des aspects de son fonctionnement et d'autre part des modalités perceptives de saisie des données : mémoire à court et long terme, mémoire visuelle, mémoire auditive, mémoire verbale...
Pendant des siècles, philosophes, psychologues et neurophysiologistes ont opposé mémoire et intelligence, et la mémoire a été longtemps réduite à un ensemble de techniques, à une mnémotechnique. Mais en deux décennies, les conceptions théoriques de la mémoire se sont profondément modifiées sous l'impulsion de trois « révolutions » qui ont marqué cette période et sont autant de clés pour accéder aux diverses composantes de cette fonction cognitive si complexe.

Localisation. — La mémoire n'est pas localisable dans un espace matériel où des éléments distincts sont stockés en des lieux précis et ne peuvent être évoqués qu'à l'issue d'un processus mental de recherche. La mémoire est plus vraisemblablement distribuée dans l'ensemble du système sous forme de réseau connectés entre eux. Tout porte à croire que les événements qui nous marquent impriment simultanément différentes structures cérébrales. Nous disposons vraisemblablement d'un ensemble de mémoires qui se partagent nos souvenirs : celle des images, celle des couleurs, celle des goûts, des mots et des musiques... Autant de facultés qui mettent en jeu non seulement des aires cérébrales spécialisées : visuelles, motrices, olfactives... mais d'autres aussi chargées de faire le lien entre les différentes facettes d'un même souvenir. Ce qui nous revient en mémoire n'est en fait qu'un puzzle reconstitué d'une expérience vécue et non la photocopie exacte. D'après Moscovitch (1996), la zone temporale interne hippocampique sous-tend l'encodage d'indices associatifs, les noyaux gris centraux entrent en jeu pour la mémoire sensori-motrice et les stratégies mnésiques apparaissent reliées à la zone frontale.

Fonctions. — La mémoire humaine est capable d'assurer efficacement des fonctions abstractives (je peux évoquer le concept de « maison » sans évoquer une habitation précise) et des fonctions spécifiantes (je peux penser à ma propre maison). Et l'on s'est rendu compte que les propriétés abstractives (mémoire sémantique) et les propriétés non abstractives (épisodiques) de la mémoire sont corrélées. Ceci a de fortes implications pour la rééducation et les acquisitions pédagogiques.

Mémoire et cognition. — La mémoire n'est pas une forme particulière de cognition, mais elle se trouve au cœur même de la cognition dont elle modèle le fonctionnement (Tiberghien). Elle détermine notre présent perceptif, façonne nos anticipations, permet la détection de la nouveauté et de l'apprentissage (fig. 3).

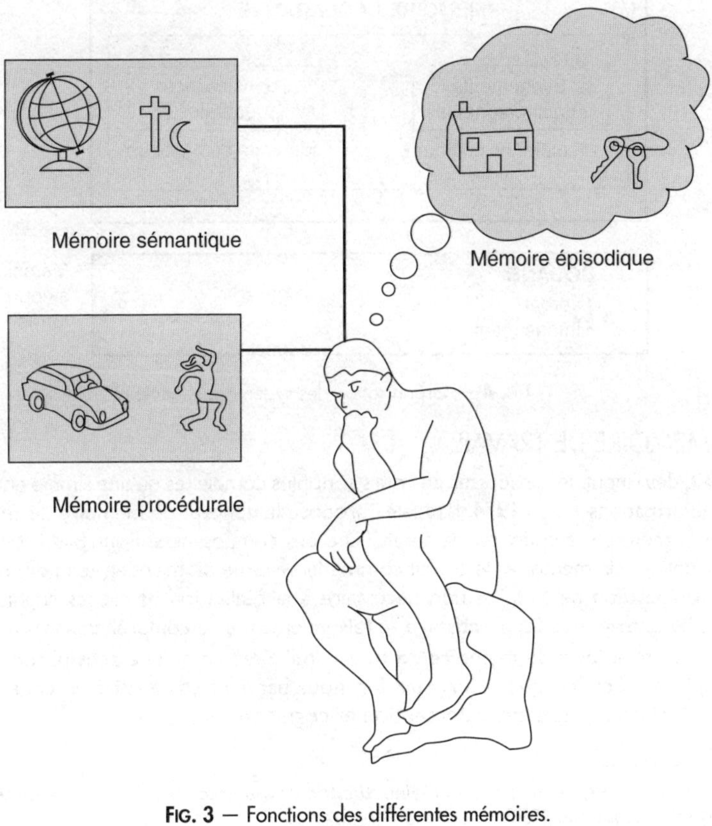

FIG. 3 — Fonctions des différentes mémoires.

Remarque

On ne peut donc plus comme au XIXe siècle avoir une vision unitaire de la mémoire. Tous les travaux psychologiques, physiologiques et pharmacologiques s'orientent vers l'idée de systèmes multiples de mémoire. Ces systèmes sont en relation avec l'ensemble des fonctions cognitives de l'être humain et A. Baddeley dans son ouvrage *La mémoire humaine, théorie et pratique*[1] précise l'organisation des différents systèmes. Il renonce à l'opposition des années 70 entre mémoire à court et long terme au profit d'une distinction entre la mémoire de travail et la mémoire à long terme (fig. 4) (voir également fig. 8, p. 17).

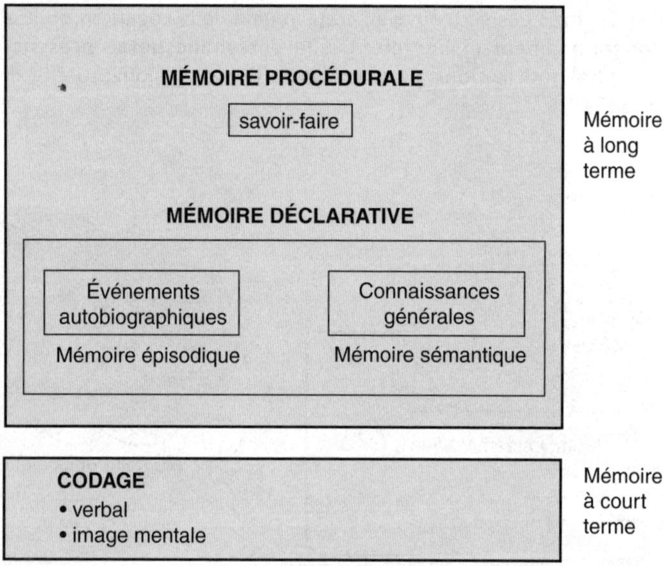

FIG. 4 — Organisation des systèmes de mémoire.

LA MÉMOIRE DE TRAVAIL

En fait, dès l'input, les processus en cours sont plus complexes qu'une simple entrée des informations et, en 1974, Baddeley propose le concept de mémoire de travail dont la mémoire à court terme serait l'une des composantes. Pour Baddeley, on peut définir « la mémoire de travail comme le système de maintien temporaire et de manipulation de l'information nécessaire à la réalisation de tâches cognitives complexes telles que l'apprentissage, le raisonnement et la compréhension ».

Cette terminologie de mémoire de travail indique bien qu'une activité mentale complexe a lieu lorsqu'une information nous parvient et ce système constitue une interface cruciale entre perception et cognition.

1. A. BADDELEY, *La mémoire humaine, théorie et pratique*. Presses universitaires de Grenoble, Grenoble, 1993.

La mémoire de travail comprend trois sous-systèmes (fig. 5) et Baddeley distingue un administrateur central amodal de capacité limitée aidé par deux systèmes esclaves responsables du maintien temporaire de l'information : la boucle phonologique et le calepin visuo-spatial.

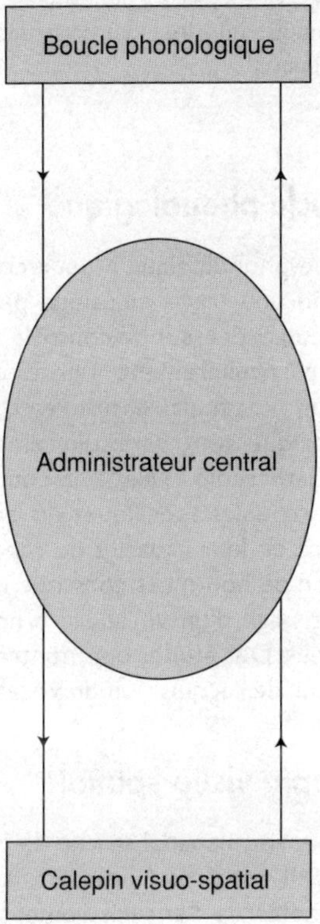

FIG. 5 — Processus de la mémoire de travail.

L'administrateur central

L'administrateur central est un système de contrôle de l'attention qui supervise et coordonne l'information en provenance des systèmes auxiliaires. Il effectue des tâches de sélection volontaire des canaux d'information, des recherches pour la résolution de problèmes, des tâches de contrôle…

Lorsque ses capacités d'attention sont saturées, il affecte en priorité ses ressources à la boucle audio-phonologique (ou à l'agenda visuo-spatial) ce qui empêche ou perturbe toute activité concurrente.

Exemple

Une situation de vie courante illustre bien ce processus : sur un parcours dénué de difficultés, la plupart d'entre nous peuvent converser tout en conduisant. Mais lorsque la situation de conduite se complique, nous arrêtons de parler et demandons à notre interlocuteur de se taire afin de consacrer notre attention au système visuo-spatial.

La boucle phonologique

La boucle phonologique a deux composantes : un stock phonologique bref qui sous-tend une trace mnésique pendant une durée d'environ deux secondes, couplé à un processus de contrôle articulatoire. Cette boucle phonologique joue un rôle particulièrement important dans l'apprentissage du langage et l'acquisition d'un vocabulaire nouveau. Les déficits de cette capacité de stock phonologique sont particulièrement pénalisants chez l'enfant qui apprend à parler. Gathercole et Baddeley ont étudié en 1990 un groupe d'enfants présentant des troubles spécifiques du langage et noté qu'ils présentaient un décalage important de leur capacité de répétition de non-mots de longueur variable. La répétition de non-mots constitue un matériel fonctionnellement plus proche de l'apprentissage d'un vocabulaire nouveau que ne le sont des séries de chiffres non reliées. Des études ont montré que la répétition de non-mots est le meilleur prédicteur de l'acquisition du vocabulaire chez l'enfant de quatre à huit ans.

Le calepin visuo-spatial

Le calepin visuo-spatial stocke de faibles quantités d'informations visuelles et/ou spatiales. Il comprend un stock à court terme et des processus de contrôle responsables de l'enregistrement de l'information visuo-spatiale, et de son rafraîchissement par répétition.

Remarque

La mémoire de travail est largement sollicitée dans les apprentissages car elle intervient chaque fois qu'on doit comprendre et apprendre. Ainsi dans la lecture, le lecteur doit extraire la signification de la phrase qu'il vient de déchiffrer pour comprendre le texte qu'il lit. La boucle audiophonologique intervient pour permettre la rétention à court terme de la structure de surface de l'énoncé vu ou entendu. Parallèlement, l'administrateur central intervient pour extraire la signification grâce à l'activation des connaissances lexico-syntaxiques contenues en mémoire à long terme.

Dès que nous ouvrons les yeux, notre mémoire enregistre, trie et classe sans cesse les diverses images, couleurs, goûts, mots, musiques, formes, odeurs… qui nous parviennent. Certaines informations sont stockées pour une dizaine de secondes, le temps par exemple de faire un numéro de code, de recopier une phrase. Ensuite elles peuvent soit disparaître, soit franchir le cap de l'entrée dans la mémoire à long terme.

LA MÉMOIRE À LONG TERME

La mémoire à long terme est une mémoire finalisée, opérationnelle, une mémoire de traitement. Cette mémoire intervient à partir du moment où le délai avant restitution s'étend de quelques minutes à quelques années. La caractéristique essentielle de la mémoire à long terme est sa disponibilité permanente. Mais ceci ne signifie pas accessibilité permanente. Nous en faisons l'expérience lorsque nous avons un mot sur le bout de la langue : le mot est là, dans notre stock, mais nous ne parvenons pas à l'évoquer. Dans la mémoire à long terme, le stockage des informations est permanent, c'est-à-dire que la disponibilité n'est pas limitée par le délai de rétention. Les traces mémorisées en MLT sont peu sensibles à l'oubli, sauf en pathologie notamment neurologique ou psychiatrique. Toutefois l'accessibilité peut être perturbée par des interférences (fig. 6).

FIG. 6 — Processus de la mémoire à long terme.

La disponibilité de la mémoire permanente exige la mise en œuvre de trois étapes successives :
- une phase d'enregistrement et d'encodage qui transforme des informations perceptives en traces durables ;
- une phase d'organisation de cette information ;
- une phase de réactivation, de récupération des traces.

Phase d'encodage, d'enregistrement

Les processus d'encodage et de stockage sont illimités, ils constituent la première étape de la mémoire à long terme. Dans les années 70, Alla Paivio a développé la théorie du double codage. Pour expliquer le fait que la mémoire imagée (images mentales) est supérieure à la mémoire verbale, il a émis l'hypothèse que certaines informations sont stockées sous forme verbale, d'autres sous forme imagée, d'autres enfin sous les deux aspects. Cette théorie a été contestée et il a été suggéré que toutes les informations sont stockées sous forme de propositions abstraites, l'image n'étant qu'un sous-produit de l'activité symbolique. Certaines analyses, dont celle de M. Denis, émettent l'hypothèse qu'il y aurait des niveaux différents de représentation mnésique : un niveau « profond » où toutes les informations sont codées sous forme propositionnelle et un niveau « superficiel » où la forme peut être verbale ou imagée. Ce qui demeure certain, c'est que la première étape de l'apprentissage et de la mémorisation concerne la saisie et la transformation des stimuli en représentation.

Phase d'organisation, de consolidation

L'organisation constitue la deuxième phase de la mémoire à long terme. Tulving a proposé dans les années 70 la distinction entre mémoire épisodique et mémoire sémantique.

La mémoire épisodique. — C'est un système de stockage des informations temporellement datées et localisées. Vous savez où sont vos clés de maison et ce que vous avez dîné hier soir. Elle correspond à nos souvenirs et regroupe les représentations des événements de notre vie. Tout ce qui concourt à créer notre histoire, nos souvenirs, les événements autobiographiques qui jalonnent notre vie, forment la mémoire épisodique. Chaque information étant liée à un lieu et à un moment, l'encodage serait basé sur des distinctions temporelles et spatiales. Ces représentations sont relativement flexibles car soumises à des variables comme le degré d'émotion et d'attention au moment de l'encodage, les interférences et l'oubli. La mémoire épisodique c'est *ce dont je me souviens* et l'affectivité y joue un grand rôle (tableau I).

Tableau I — Les contenus épisodiques et sémantiques

Information	*Mémoire épisodique*	*Mémoire sémantique*
origine	sensation	compréhension
unités	évènement épisodique	faits, idées, concepts
organisation	temporelle	conceptuelle
référence	moi	univers
validité	croyance personnelle	consensus social

La mémoire sémantique. — Elle est relative aux faits et aux idées. Elle rend possible l'acquisition et la rétention d'informations sur le monde qui nous entoure et regroupe les connaissances que nous accumulons sur des faits et des idées. La

mémoire sémantique contient des concepts ou des connaissances générales. Savoir que Napoléon fut l'empereur des Français ou que la Terre tourne autour du Soleil fait partie de cette mémoire sémantique. La mémoire sémantique permet de stocker les connaissances linguistiques, sémantiques et conceptuelles. Ces représentations cognitives correspondent aux connaissances générales du sujet. Elles ne sont pas liées à une situation particulière d'apprentissage et ne comportent donc pas d'élément d'ordre spatio-temporel. Ces informations sont encodées de manière sémantique puis mémorisées. Les liens les unissant entre elles le sont également, le tout formant un réseau très hiérarchisé (par exemple : être vivant, animal, poisson, requin) et auquel l'accès est automatisé.
Cette mémoire contient le savoir sémantique *ce que je sais*. Ces unités sont accessibles à partir d'autres connaissances proches et tenues pour vraies par consensus social. La mémoire sémantique a une capacité énorme qui peut se mesurer en dizaines de milliers de mots chez l'adulte cultivé. Elle est très sollicitée dans l'éducation.

Quinze mots nouveaux par jour

A. Lieury a montré qu'en classe de 6e les élèves sont confrontés à 6 000 mots dont 2 500 sont acquis en moyenne en fin d'année. En 5e, la performance est de 5 500 mots acquis sur 9 500 présentés dans les manuels. Ceci montre qu'en un an, les élèves ont en moyenne acquis 3 000 mots nouveaux soit, si l'on compte 200 jours de classe par an, un apprentissage de 15 mots, en moyenne, par jour de classe effectif. Pour l'orthophoniste qui prend en charge des enfants avec des troubles spécifiques d'apprentissage, la question est de savoir quelles sont les stratégies à privilégier pour que chacun : dysphasique, sourd, dyslexique… puissent stocker et intégrer ces 15 nouveaux items lexicaux.

Remarque

Mémoire épisodique et mémoire sémantique sont interdépendantes. La fixation sémantique est plus forte si de nombreux épisodes vécus viennent renforcer un concept. C'est sur ce lien que nous travaillons en rééducation, car il structure les connaissances et ouvre les voies de la récupération en mémoire grâce à une organisation. En effet la mémorisation d'informations est d'autant plus efficace et récupérable qu'elles sont analysées, reliées à d'autres et réactualisables.

La mémoire déclarative ou explicite. — Les représentations épisodiques et sémantiques ont la propriété commune d'être verbalisables et, sont, pour cette raison, souvent décrites sous le nom de connaissances déclaratives. La mémoire déclarative, c'est la mémoire stockant toutes nos connaissances, qu'elles soient factuelles ou conceptuelles. Son fonctionnement est volontaire et son contenu est évoqué consciemment, on parle de mémoire explicite. Il est facilement verbalisable et organisé en réseaux sémantiques.

Exemple

Pour illustrer ce lien, Baddeley donne l'exemple du petit déjeuner : « On peut dire que se souvenir de ce qu'on a mangé au petit déjeuner dépend probablement de la connaissance (sémantique) de nos habitudes de petit déjeuner et de la récupération (en mémoire épisodique) d'un événement particulier. » Ainsi vous évoquez facilement la tartine de trop prise ce matin !

La mémoire procédurale ou non déclarative. — On oppose la mémoire déclarative à la mémoire procédurale (également appelée non déclarative) qui renvoie aux capacités perceptivo-cognitives non verbalisables. Il s'agit ici de savoir-faire. Le rôle de la mémoire procédurale est de fournir un plan d'action, un programme contenant les procédures à appliquer pour obtenir une adaptation rapide et quasiment inconsciente à l'environnement (marche, parole, conduite…). Elle correspond à une suite organisée de connexions apprises entre stimuli et réponses. La mémoire procédurale peut se passer de langage lorsque les schèmes moteurs sont organisés (fig. 7).

Remarque

Cette distinction entre connaissances déclaratives et connaissances procédurales recoupe l'opposition commune entre savoir et savoir-faire. La prise de conscience et le contrôle intentionnel dominent dans la manipulation des connaissances déclaratives alors que les connaissances procédurales sont automatisées.

Phase de récupération, de performance

La récupération constitue la phase ultime du processus de mémorisation à long terme. La récupération en mémoire peut s'effectuer de façon directe ou indirecte.

Dans le premier cas, on a pleinement conscience d'être engagé dans une tâche de remémoration. C'est ce qui se passe si on doit répondre à une question précise sur la date de la bataille de Marignan ou sur le lieu de ses vacances en 1985. Il s'agit ici de mémoire explicite ou d'accès conscient à la mémoire, qu'elle soit sémantique ou épisodique.

La situation est très différente lorsqu'on est en train de lire un livre ou que l'on descend un escalier. On n'a pas conscience dans ces situations de réaliser de la

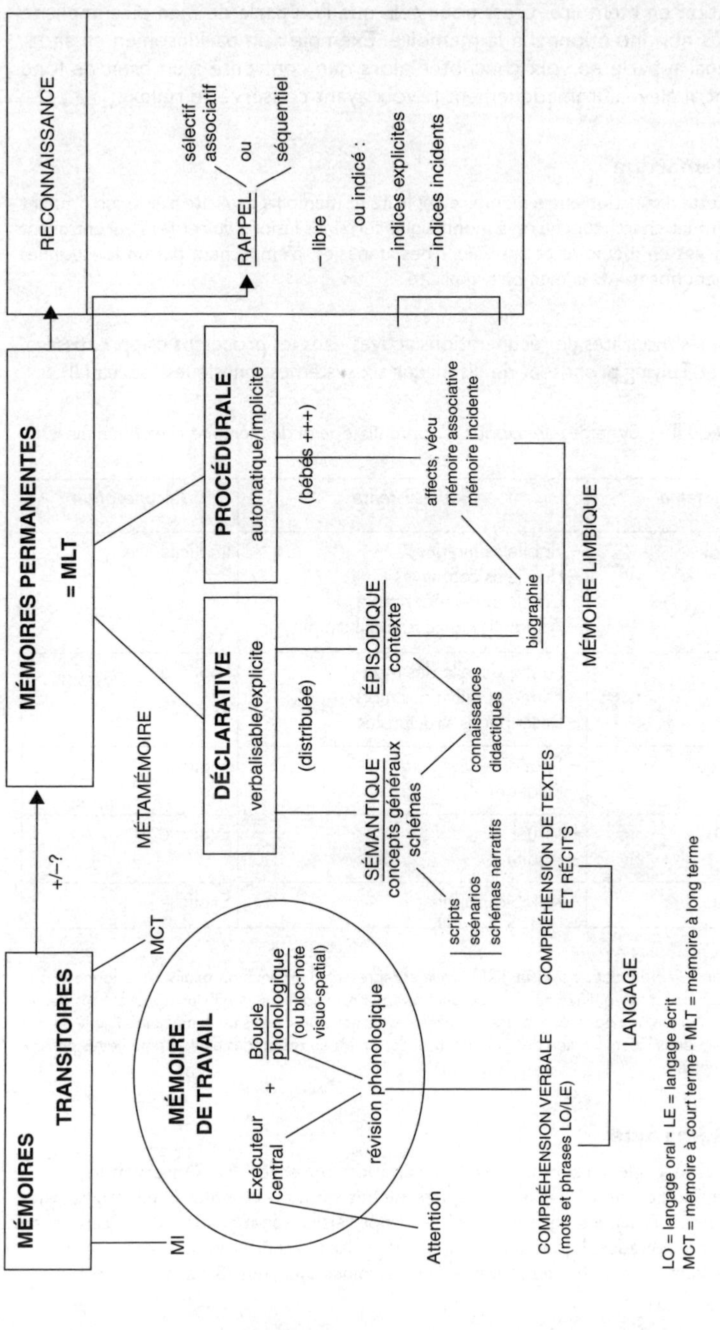

FIG. 7 — Schéma général des mémoires
(extrait de : M. Mazeau, *Dysphasies, troubles mnésiques, syndrome frontal chez l'enfant*, p. 129. Masson, collection Orthophonie n° 1, 2ᵉ édition, 1999).

récupération en mémoire. C'est pour cela que l'on parle de mémoire implicite ou d'accès non intentionnel à la mémoire. Exemple : un parkinsonien en situation ordinaire parle en voix chuchotée alors que confronté à un bruit de fond important, il élève automatiquement la voix ayant conservé ce réflexe.

Remarque

Cette distinction entre mémoire implicite et mémoire explicite passionne d'autant plus les chercheurs qu'on a montré que certaines lésions du cerveau qui entravent l'accès en mémoire et entraînent des amnésies, n'empêchent pas un fonctionnement normal de la mémoire implicite.

Classifiant les modalités de récupérations actives dans les processus d'apprentissage, Schacter et Tulving proposent de distinguer six systèmes mnésiques (tableau II).

Tableau II — Systèmes principaux d'apprentissage et de mémoire chez l'homme

Système	***Sous-système***	***Récupération***
Procédural	– Habiletés motrices – Habiletés cognitives – Conditionnement simple – Apprentissage associatif simple	Implicite
PRS*	– Forme visuelle des mots – Forme auditive des mots – Descriptions structurales	Implicite
Sémantique	– Spatial – Relationnel	Implicite
De travail	– Visuel – Auditif	Explicite
Épisodique	– Autobiographie	Explicite

* Le *Perceptuel Representation System* (PRS), traite et représente l'information relative à la forme et à la structure mais non à la signification. Il opère à un niveau présémantique et on classe souvent ces opérations comme l'amorçage dans les expressions implicites ou non conscientes de la mémoire. Il joue un rôle très important dans l'identification des mots écrits et des objets en raison des effets d'amorçages perceptifs ou conceptuels.

Remarque

L'amorçage perceptif, c'est la facilitation observée par l'intervention de la mémoire implicite dans certaines tâches comme compléter les trigrammes (*che*..., *fa*...), les décisions lexicales (mot *versus* non-mot), les identifications de mots dégradés. Il joue un rôle important dans l'acquisition du lexique orthographique et ce système est altéré dans certaines dyslexies (Schachter, 1996).

Mémoires et apprentissages

Pour Baddeley, « l'apprentissage désigne tout processus susceptible de modifier un comportement ultérieur ». Apprendre et mémoriser représentent des processus dynamiques, interdépendants d'adaptation au monde environnant complexe. Bien que non prédictible, l'environnement au sens large (en termes de personnes, objets, situations) comporte des régularités permettant à partir de l'expérience passée de gérer le présent de se projeter dans l'avenir.

L'être humain suréquipé neurologiquement à la naissance nécessite de nombreuses années avant d'accéder à l'autonomie. Équipé essentiellement de réflexes, l'enfant de l'homme doit tout apprendre. Mais il semble que le nourrisson possède de nombreuses compétences potentielles et, dès le départ, il dispose d'une capacité à faire la différence entre ce qui est positif et ce qui est négatif. Dès le commencement, existe chez le bébé une valence avec une puissance d'attraction ou de répulsion d'un objet ou d'une activité. Cette compétence lui permet d'éprouver, de réagir, de se construire. Progressivement, il distingue ce qui est lui et ce qui n'est pas lui. Il caractérise des stimulations de tous ordres, organise ses perceptions, construit son identité. Ainsi il élabore progressivement son savoir sémantique; et réciproquement, ce sémantique devient une grille de lecture de ses expériences. L'enfant parvient ainsi dans les premières années de sa vie à maîtriser une activité typiquement humaine comme celle de s'exprimer, d'organiser des mots en phrase, en sollicitant sa mémoire procédurale pour organiser ses gestes articulatoires ou manuels et sa mémoire déclarative avec ses contenants épisodiques et sémantiques.

LE PREMIER SOUVENIR

Nous possédons peu de souvenirs de nos premières années. Ils remontent généralement à l'âge de 4-5 ans et leur importance affective est souvent beaucoup plus grande que leur importance réelle. Le terme d'amnésie infantile proposé par Freud désigne ce phénomène banal d'oubli des premières années de vie. Bien que facile à constater, ce fait demeure beaucoup plus difficile à expliquer. Connu depuis toujours, il a paru pendant des siècles tout à fait anodin mais récemment on a cherché à l'interpréter. Pour les uns, son origine est purement organique : il serait dû à un défaut de maturation du cerveau pendant la petite enfance. Pour les autres, les psychanalystes notamment, son mécanisme serait semblable à celui des amnésies d'origine affective et reposerait sur le refoulement.

DÉVELOPPEMENT DE LA MÉMOIRE

Chez l'enfant, on observe une évolution de la mémoire au fil des années. Les systèmes majeurs de la mémoire et d'apprentissage sont concernés avec l'attention et la cognition et ils sont vraisemblablement dépendants de la maturation cérébrale.

L'activité synaptique corticale

Les techniques d'imagerie fonctionnelle cérébrale SPECT (Tomographie monophonique) et le TEP (Tomographie par émissions de positons) permettent par détection externe et de façon peu invasive, de mesurer respectivement le débit sanguin cérébral et la consommation cérébrale de glucose, deux paramètres qui reflètent l'activité synaptique corticale. Plusieurs études réalisées chez des enfants (Chiron, 1996) montrent qu'à la naissance le débit et le métabolisme sont relativement bas sur le cortex, puis ils augmentent rapidement pendant les trois premières années de la vie jusqu'à une valeur supérieure de plus de 50 % à la valeur adulte. Ils restent ensuite en plateau jusqu'à 10 ans puis diminuent lentement pour atteindre leur valeur adulte vers 18 ans ; cette valeur reste alors stable jusqu'à 60 ans. Les sourds et les aveugles congénitaux gardent à l'âge adulte un métabolisme élevé de type immature tandis que les sujets ayant une surdité ou une cécité acquise présentent à l'âge adulte un métabolisme plutôt bas. Ce qui conduit à émettre l'hypothèse que l'absence de stimulations sensorielles ne permet pas la sélection synaptique indispensable à la maturation. L'étude des valeurs de débit et de métabolisme régionaux montre que l'activité fonctionnelle n'augmente pas au même âge pour toutes les régions du cerveau. Elle augmente dès le premier mois dans le cortex associatif postérieur, mais au cours de la deuxième année dans le cortex frontal. Ce calendrier correspond à celui de l'émergence des fonctions sous-tendues par ces différentes régions. Ainsi, les fonctions visuelles apparaissent vers trois mois, tandis que les régions frontales se développent essentiellement après deux ans.

Les mécanismes d'orientation de l'attention

L'organisation des processus mnésiques est également corrélée à l'organisation des processus attentionnels. De nouveaux modèles cognitifs émergent et permettent de mieux comprendre les mécanismes d'orientation de l'attention (Posner). L'attention émerge progressivement, le système d'orientation devenant au cours de la première année capable de contrôler par couplages fonctionnels des régions postérieures et antérieures.

Des comportements oculomoteurs précoces existent entre 1 et 3 mois, mais il s'agit d'attention automatique. Le bébé de trois mois réalise des mouvements lents des yeux, les saccades sont de longueur fixe et il faut plusieurs déplacements combinés de l'œil et de la tête pour atteindre une cible. L'enfant ne semble pas savoir calculer efficacement la saccade, alors que l'adulte déplace l'attention avant l'œil et l'attention atteint la cible avant l'œil. Des attentes sur des endroits cibles font défaut à trois mois. À cet âge, on observe que l'enfant est capable de poursuite oculaire mais sans anticipation.

Vers 4 mois se met en place l'inhibition en retour qui est définie comme une diminution de la tendance à réorienter le regard dans un endroit exploré.

Entre 6 mois et 1 an, l'inhibition en retour s'observe de manière robuste. Les principaux outils du système attentionnel (attention implicite, attention endogène et mécanismes inhibiteurs) apparaissent progressivement entre 2 et 6 mois (Camus, 1996). L'orientation implicite est observée dès trois mois. Elle se définit comme une focalisation vers un endroit sans accompagnement moteur des yeux ou de la tête. L'orientation de l'attention peut être commandée de manière exogène par apparition brutale de stimulus surprenant. L'attention est alors capturée de façon automatique, indépendante de la volonté. Les processus attentionnels peuvent également être commandés de manière endogène, c'est-à-dire à la suite d'une décision volontaire et stratégique du sujet. Les mécanismes inhibiteurs peuvent être observés dès 6 mois. Mais l'inhibition de la représentation d'un distracteur n'est possible que si l'accès à cette représentation est par ailleurs automatisé. L'efficacité du réglage attentionnel exige plusieurs années avant d'être optimale.

Le développement précoce du raisonnement

Se développer, c'est aussi inhiber des structures concurrentes et le développement précoce du raisonnement est actuellement étudié par les inférences numériques du bébé et de l'enfant d'âge préscolaire dont on se demande s'il est bien l'héritier cognitif du bébé qu'il était (Houdé, 1996).

1, 2, 3 Babar

À travers l'analyse des temps de fixation visuelle de petits Babar (duplication de l'étude de Wynn sur des Mickey en 1992), on relève que les bébés de 4-5 mois sont capables de « calculer » le résultat précis d'opérations arithmétiques sur de petits nombres alors que les enfants de 3-4 ans effectuent un traitement plus global. Dans une expérience, on présente au bébé un seul Babar puis un écran vient le cacher et l'expérimentateur introduit un autre Babar derrière l'écran. Le bébé voit l'opération mais non le résultat.
On abaisse plus tard l'écran révélant soit deux Babar soit un Babar (événement impossible qui surprend le bébé ainsi que le révèle un temps de fixation plus long). Si l'on présente trois Babar lorsque l'écran s'abaisse le bébé est également surpris. Ceci suggère que l'opération effectuée par le bébé est un *calcul*. Dans la condition expérimentale inverse : la soustraction, le bébé manifeste également sa surprise face aux événements impossibles. Avec des enfants plus grands, on s'aperçoit qu'à l'âge de 2-3 ans l'enfant ne peut donner la bonne réponse et que celui de 3-4 ans peut fournir la réponse juste, mais en reconstruisant l'opération par processus d'activation et d'inhibition. Il y a passage d'un traitement oculomoteur à un traitement cognitivo-linguistique.

Le développement cognitif

Il ne se réalise pas de façon strictement linéaire, par succession de stades de plus en plus évolués. Il provient non seulement de la mise en place de capacités nouvelles mais également de l'inhibition de structures concurrentes déjà présentes.

Le cortex préfrontal joue un rôle essentiel dans la maturation de processus qui évoluent non seulement par développement de nouvelles connexions mais également par inhibition des précédentes. La maturation des voies préfrontales au cours des premières années consiste en la mise en place progressive des fonctions de choix, de sélectivité et d'inhibition.

Au départ, le jeune enfant est particulièrement réceptif aux stimulations de son environnement. Sa mémoire est d'abord motrice puis sensorielle. Le système majeur est celui de la mémoire procédurale impliquée dans l'apprentissage d'habiletés motrices, cognitives, comportementales. Ces apprentissages procéduraux sont de nature progressive, accumulative et ils semblent particulièrement bien adaptés à la détection et au traitement des invariants de l'environnement au cours du temps. La récupération est implicite et opère à un niveau automatique.

Avec la mise en place de la fonction symbolique, les associations d'idées sont essentiellement visuelles et auditives puis, avec l'explosion du langage, l'enrichissement du lexique et de la syntaxe se développe une mémoire déclarative plus complexe basée sur des réseaux plus riches, caractérisés par une grande flexibilité au niveau de l'expression. Cette mémoire est assez globale et spontanée alors que de 6 à 12 ans se réalise le développement de la mémoire volontaire. Les souvenirs sont conservés de façon fidèle. Cette période est celle de l'enregistrement maximum des matériaux mnémotechniques bruts et c'est le moment le plus favorable pour de nombreux apprentissages. Puis, après 12 ans environ, la capacité à ordonner, classifier, structurer les informations mémorisées apparaît conjointement avec le raisonnement. La capacité d'enregistrer et de mémoriser atteindra un plateau entre l'âge de 20 à 25 ans puis déclinera doucement avec l'âge, surtout si elle n'est pas étayée, stimulée et réactualisée.

APPRENTISSAGE DES SAVOIRS

Les stratégies d'amélioration de la mémoire

Au cours des siècles, la place de la mémoire dans la conquête des connaissances a été prépondérante mais souvent considérée comme une compétence isolée que l'on pouvait entraîner et faire travailler isolément.

Remarque

La question posée était : comment améliorer sa mémoire? Les procédés mnémotechniques bâtis au cours des siècles ont longtemps prôné l'usage intensif du « par cœur » et le recours à des aide-mémoire pour la conservation des données. Ces aides externes ou internes servent à améliorer l'encodage et à procurer des indices de récupération.

Les plus fréquents sont :

L'apprentissage « par cœur ». — Approche souvent préconisée qui consiste à répéter sans cesse l'information : « Mignonne allons voir si la rose qui ce matin était éclose... » (Ronsard)

Usage publicitaire de la répétition

La répétition est fréquemment sollicitée dans la publicité. Le concepteur publicitaire imagine une brève histoire attractive vantant les avantages de tel ou tel produit, ce qui retient l'attention du spectateur et entraîne chez lui la mémorisation d'un nom. La boucle audio-phonatoire est sollicitée par un jeu de mots et renforcée par un message visuel séducteur qui accentue la mémorisation. Ce message conduit inévitablement, quelques heures ou quelques jours après, le consommateur à prendre tel paquet de lessive plutôt que tel autre sur les rayons du supermarché. Sa mémoire a été stimulée à son insu.

L'organisation phonologique de l'information. — La technique de la rime permet de récupérer plus aisément les mots ultérieurs ou une information utile : « Selle de cheval, cheval de trait... ».

Exemple

Lors des stages d'apprentissage du Langage parlé complété (LPC), on observe que certaines personnes organisent des structures pour se souvenir des configurations des doigts. L'acronyme familier PDG permet d'accéder à la première clé du codage consonantique dans le Langage parlé complété.

La phrase clé. — La phrase clé dont l'initiale de chaque mot est un indice alphabétique peut être utilisée pour accéder à un ensemble d'information.

Avant le décollage

Avant le décollage, la phrase : « Sois courageux mais prudent en vol, garde intelligence habileté, discipline » permet au pilote, grâce à un codage élaboratif, de se souvenir des manœuvres vitales à effectuer avant de tirer sur le manche : S = serrage manette, C = compensateur, commandes libres et dans le bons sens...

Ce procédé est parfois utilisé en grammaire avec des phrases du type : « Mais Où Est Donc Or-Ni-Car » permettant théoriquement de restituer les conjonctions de coordination. Et nous avons immédiatement les limites et les imperfections de ce type de système. On ne peut faire mieux pour ancrer une confusion entre /ou/ et /où/, /et/ et /est/, et pour entraîner des problèmes morphosyntaxiques de confusion des catégories grammaticales.

Le codage chiffre-lettre. — Il est également utilisé car les mots et les phrases sont plus facilement mémorisés que les nombres.

Les 99 décimales de π

En 1879 l'abbé Moigno mit au point une technique lui permettant de retrouver les 99 décimales de Pi (π) :

3,14159265358979323846264338327950288419…

Maints terriers de lapins ne gèlent = 3 1 4 1 5 9 2 6 5
Ma loi veut bien, combats mieux, ne méfaits ! = 3 5 8 9 7 9 3 2 3 8
Riants jeunes gens, remuez moins vos mines = 4 6 2 6 4 3 3 8 3 2
Qu'un bon lacet nous fit voir à deux pas = 7 9 5 0 2 8 8 4 1 9

M = 3 ; T = 1 ; R = 4 ; D = 1 ; L = 5 ; P = 9 ; N = 2 ; G = 6…

Remarque

Ce genre de stratégies est proposé dans des méthodes prétendument miracle d'amélioration de la mémoire. En fait, elles permettent essentiellement de développer le stockage de données plus ou moins utiles.

L'apprentissage : fonction et classification

Face à toutes ces stratégies, on s'interroge sur leur efficacité car les recherches les plus récentes mettent l'accent sur la mémoire sémantique et sur l'importance du contexte pour l'apprentissage. Bien que la mnémotechnie soit basée sur des mécanismes naturels de la mémoire, il est absurde d'ériger de tels procédés en une méthode générale pour l'enseignement dans la mesure où ils évacuent le code le plus important et le plus puissant de notre mémoire, le code sémantique qui concerne le sens des mots.

L'apprentissage a une finalité différente de celle de la mémoire. Il a une fonction utilitaire, tandis que la mémoire permet d'assumer le passé, de le vivre mentalement et affectivement et non techniquement. Pour Tiberghien, la mémoire ne peut être réduite à l'apprentissage car elle en est la condition essentielle : « La mémoire n'est pas une simple conservation passive des produits de l'acquisition, la mémoire est le principe dynamique même de ces acquisitions. » Et comme le rappelle Mme Sadek Khalil, la mémoire suppose « une structuration active et sélective, une réorganisation permanente ». L'on ne peut dissocier mémoire et désir, mémoire et attention, mémoire et affectivité…

Certains apprentissages sont de type déclaratif. Ils concernent des informations relationnelles entre des stimuli rapides. Ce type d'apprentissage rapide est requis dans des tâches de rappel ou de reconnaissance. Ces apprentissages concernent par exemple des acquisitions nouvelles de paires de mots.

D'autres apprentissages sont de type non déclaratif et sont également appelés apprentissages procéduraux. Ils sont basés sur des habitudes associatives et certains sont complexes, comme les apprentissages probabilistes ou les apprentissages grammaticaux.

Les neuropsychologues ont montré que deux types de mémoire sont mis en œuvre lors de l'apprentissage d'une grammaire artificielle, ce qui semble avoir des retombées dans nos connaissances sur l'acquisition de la syntaxe par le jeune enfant. Ces apprentissages sont lents et progressifs.

La mémoire non déclarative semble sous-tendre l'acquisition graduelle, accumulative, de nouvelles associations, comme c'est le cas dans le conditionnement classique.

Comment explorer les capacités mnésiques : épreuves standard de la mémoire

Dans le domaine de l'évaluation des capacités mnésiques, il existe un paradoxe. D'une part, la mémoire est difficile à évaluer isolément de façon complète et d'autre part, on peut dire que toute épreuve de langage oral ou écrit fait intervenir les capacités mnésiques. Les capacités mnésiques permettent de conserver les événements et les informations au fur et à mesure qu'ils arrivent. Répondre à une question, lire un texte, réaliser une dictée… nécessitent de se souvenir des phrases et des idées qui ont été émises. Par ailleurs, « tout déficit des capacités mnésiques ne doit jamais être interprété comme absolu mais replacé dans le contexte où il est observé » (Signoret).

> La situation est donc complexe et amène à différencier les épreuves standard d'exploration de la mémoire proposées dans les bilans neuropsychologiques et des épreuves mnésiques appartenant à des tests plus généraux.

ÉPREUVES SPÉCIFIQUES POUR BILAN DE MÉMOIRE

L'échelle clinique de mémoire de Wechsler (WMS-R). — C'est l'instrument le plus habituellement utilisé dans le cadre d'un bilan complet de la mémoire. Elle a été créée aux États-Unis en 1945 et adaptée en France en 1969, elle est applicable aux enfants et aux jeunes de 10 à 18 ans. L'échelle, qui nécessite un temps de passation de 45 minutes, comporte 12 subtests : mémoire verbale, visuelle, générale, attention, concentration, rappel immédiat et différé, orientation temporelle et spatiale, informations, reproduction de dessins géométriques, apprentissage associatif de paires de mots.

La batterie d'efficience mnésique de Signoret (BEM 144). — Elle comporte 12 épreuves permettant une analyse détaillée des processus de mémorisation. C'est la batterie la plus complète car elle permet d'explorer à travers un matériel verbal et visuel, le rappel, la reconnaissance et l'apprentissage. Six subtests verbaux explorent le rappel immédiat puis différé d'histoire, l'apprentissage en trois essais d'une liste de mots puis son rappel en différé, la reconnaissance différée de phrase, l'apprentissage en trois essais d'un ensemble de paires de mots. Les épreuves visuelles comportent du matériel non iconique qui permet d'évaluer les capacités de rappel immédiat et différé de figures géométriques complexes, le rappel immédiat et différé de dessins et l'apprentissage associatif de paires de dessins. Mais la passation de la batterie complète (12 subtests notés sur 12) exige une heure, il existe une version cotée sur 84 de passation plus rapide. Jambaque *et al.* ont étalonné le test sur une population d'enfants âgés de 6 ans à 14 ans 1/2. Cette étude a montré combien la batterie était sensible à l'accroissement de l'efficience mnésique avec l'âge.

Le test de rétention visuelle de Benton. — Il permet en 5 minutes d'évaluer la mémoire visuelle immédiate et la reconnaissance différée de figures.

La liste des 15 mots de Rey. — Elle est destinée à tester les capacités d'apprentissage au cours de 5 présentations avec rappel de listes de 15 mots. La durée de passation est d'environ 15 minutes.

Le test de la figure de Rey. — Il consiste à copier puis à reproduire de mémoire une figure géométrique complexe. Il existe en fait deux versions : la forme A, publiée dès 1942 et encore largement utilisée de nos jours, comportant un étalonnage de 4 ans à l'âge adulte; la forme B, plus simple, est destinée aux enfants de 4 à 7 ans. On recherche d'abord la copie du modèle, ce qui permet d'observer la façon dont le sujet perçoit la structure de l'ensemble et organise les données. Pour retrouver le déroulement chronologique, on propose à la personne de changer de crayons de couleur. Après une pause de trois minutes, on demande au sujet d'effectuer la réalisation de mémoire. Le temps n'est pas limité et il est variable d'une personne à l'autre.

Le profil de rendement mnésique de Rey. — Il se compose de 7 subtests permettant d'explorer différentes phases de la mémoire à partir de la dénomination de 20 dessins et de leur apprentissage à court et long terme.

L'épreuve de Corsi. — Elle permet de tester la mémoire visuo-spatiale sans faire intervenir le langage. Neuf cubes sont placés sur la table et l'on demande à la personne de reproduire la trajectoire de frappe réalisée par le testeur sur 2, 3, 4 ou 5 cubes.

TESTS PLUS GÉNÉRAUX COMPORTANT DES ITEMS D'ÉVALUATION DE LA MÉMOIRE

De nombreux tests d'évaluation générale des compétences cognitives comportent des tâches portant sur la mémoire verbale à court terme :

- répétitions de chiffres à l'endroit et à l'envers;
- répétitions de phrases de longueur croissante;
- rappel de récit.

> Certaines épreuves psychométriques sont sensibles aux variables attentionnelles. Le *digit-span*, qui demande de retenir les chiffres dans l'ordre, sollicite la mémoire de travail. Quand il s'agit d'une répétition à rebours, l'épreuve met en jeu une opération cognitive de renversement de l'ordre qui traduit une activité de traitement assurée par l'administrateur central. La distraction va interférer avec la tâche dans la mesure où l'information se trouve perdue, si elle n'est pas utilisée ou activement maintenue. On peut ainsi faire la distinction entre les troubles qui affectent les capacités de stockage et ceux qui touchent les capacités de traitement.

Le test d'intelligence de Terman Merril. — Il comporte une épreuve de rétention de phrases. Ces phrases sont de longueur et de complexité syntaxique croissantes. Elles ont été étalonnées en 1986 sur une population d'enfants âgés de 3 ans 7 mois à 9 ans 6 mois.

L'échelle WISC-III-R. — Échelle d'intelligence pour enfants de 6 ans à 16 ans 11 mois, ce test permet d'obtenir QI verbal, performance et général. Il propose, au sein d'une batterie de tests, des épreuves d'empan mnésique auditivo-verbal avec des charges cognitives différentes (séries à l'endroit et à l'envers).

L'échelle WPPSI-R. — Cette échelle d'intelligence de Weschler pour la période préscolaire et primaire révisée en 1995 comporte une échelle verbale et une échelle de performance étalonnée de 3 ans à 7 ans 3 mois. On retrouve des épreuves de mémoire dans cette batterie.

Le test *K-ABC* (Kaufman Assessment Battery for Children). — Destiné à l'examen psychologique de l'enfant de 2 ans 1/2 à 12 ans 1/2, il comporte de nombreuses tâches permettant de donner une mesure globale de l'intelligence de l'enfant et de déterminer le style des processus mentaux qu'il met en jeu (processus attentionnels séquentiels ou simultanés).

Le test NEMI (Nouvelle échelle métrique de l'intelligence) de R. Zazzo. — Applicable de 3 à 14 ans, ce test analyse le raisonnement, la mémoire, l'attention…

Le test MSCA. — L'échelle d'aptitude intellectuelles pour enfants de McCarthy publiée en 1975 permet d'évaluer la mémoire des images, la mémoire motrice par une épreuve de « tapping », la mémoire des mots, des phrases, des histoires et des chiffres.

Le token test. — Ce test d'évaluation des capacités de compréhension permet en fait de tester la rétention immédiate puisque les items sont de longueur croissante.

Le test de mémoire de rythme de Mira Stamback. — Il comporte une épreuve visuelle au cours de laquelle l'enfant doit produire des structures rythmiques présentées visuellement et une épreuve de reproduction de structures perçues auditivement, ce qui permet d'apprécier les capacités de rétention.

La batterie prédictive d'Inizan. — Elle comporte des épreuves de mémoire visuelle de dessins d'objets familiers, de structures rythmiques et d'une courte histoire entendue une fois. Pour les dessins, on demande à l'enfant d'observer pendant trente secondes une série de 7 dessins figuratifs, puis de les évoquer dans une tache de rappel immédiat. Pour les structures rythmiques, la stratégie est comparable à celle de Mira Stamback mais l'épreuve est plus courte. L'épreuve de l'histoire permet de dénombrer les éléments restitués par l'enfant.

L'épreuve de logatomes. — C'est un test bien connu des orthophonistes depuis que Mme Borel-Maisonny a proposé dans ses tests de langage un épreuve de répétition de syllabes sans signification. L'épreuve complète comporte 10 items dans les séries de 2 et 3 syllabes, huit items pour les successions de 4 et 5 syllabes et six items pour les séries de 6 et 7 syllabes.

L'épreuve de signes de Mme Borel-Maisonny. — Une épreuve de signes diversement orientés a été mise au point par Mme Borel-Maisonny pour évaluer la mémoire visuelle des enfants. L'épreuve comporte 4 planches où sont représentées des lignes droites et des lignes courbes diversement orientées groupées par 2, 3, 4 ou 5.

Perspectives : mémoire et orthophonie

Les bilans et les rééducations réalisés par les orthophonistes mettent en évidence que les enfants adressés pour des troubles du langage présentent assez souvent des troubles de mémoire associés à des insuffisances lexicales et des déviances syntaxiques.

TROUBLES DE LA MÉMOIRE ET DÉVELOPPEMENT DE L'ENFANT

Si l'on admet que certaines difficultés d'acquisition et de compréhension du langage oral et écrit sont en rapport avec des troubles de la mémoire, il apparaît souhaitable de dépister ces troubles et d'entreprendre au cours des prises en charge orthophonique un travail spécifique sur les mémoires. Mais il est difficile de faire la part des choses sur l'origine linguistique ou mnésique des difficultés qui s'expriment différemment selon chacun et la typologie du trouble langagier.

Chez le jeune enfant de 4-5 ans, la plainte exprimée concerne fréquemment la précision phonologique et le lexique. Mais elle est souvent présentée comme un trouble de l'attention. Les parents déclarent : « Quand il veut faire attention, il répète bien et se rappelle qu'on dit "la-va-bo" et non "va-la-bo", "train" et non "krain"... "Qu'est-ce qu'il y a" et non "quoi y n'y a"... »

Avec l'enfant qui apprend à lire on peut observer chez l'apprenti lecteur, en CP, l'oubli de l'équivalence phonologique des lettres ou groupes de lettres dans les exercices de fusion syllabique. Sitôt présentées les correspondances grapho-phonologiques semblent oubliées.

En CE1 ou en CE2 on peut observer la non-rétention de l'histoire en train d'être lue, l'oubli de la leçon apprise la veille et qu'il ne peut réciter le lendemain, de la poésie et des tables maintes fois rabachées, des mots d'usage maintes fois écrits. L'écolier oubliant au fur et à mesure, doit chaque fois réapprendre comment on écrit « lorsque », « œuf », « qui », « comme »...

Toutes ces difficultés de rétention mnésiques peuvent constituer un véritable cauchemar pour l'enfant et son entourage et une source infinie de malentendus avec les enseignants. L'orthographe est difficile, car l'écolier oublie les mots d'usage et doit à chaque fois réapprendre comment on écrit « lorsque », « œuf », « qui »...

> **Remarque**
>
> On s'interroge donc à la fois sur la mémoire de travail indispensable à la compréhension verbale des phrases, des récits, des textes et sur le fonctionnement de la mémoire sémantique plus spécifiquement sollicitée dans l'acquisition à long terme des contenus scolaires.

Cursus pédagogique et apprentissage

En fait, dans le cursus pédagogique du petit écolier français, les apprentissages à proprement parler mnésiques ne commencent qu'en cours élémentaire (CE) c'est-à-dire dans le cycle des approfondissements. Le cycle des deux premières années (petite et moyenne sections de maternelle) couvre essentiellement les apprentissages premiers, c'est-à-dire les apprentissages sémantiques et verbaux. La grande section, le cours préparatoire et le cours élémentaire première année sont consacrés aux apprentissages fondamentaux : parler, lire, écrire, compter. Tandis que les trois dernières années de l'école primaire sont orientées vers les approfondissements. Une stagnation des apprentissages en cours élémentaire première année (CE1) ou début de cours élémentaire deuxième année (CE2) doit faire soupçonner l'existence de troubles de la mémoire à long terme ou sémantique concernant des données arbitraires : faits numériques et tables d'opérations, poésies, notions d'histoire, de géographie et de biologie, orthographe d'usage.

STRUCTURER LA MÉMOIRE, S'APPROPRIER LE LANGAGE

On s'interroge alors sur les aides orthophoniques à proposer à ces enfants dans les diverses étapes de perception, d'intégration, d'organisation et de récupération des données scolaires.

Quand il s'agit d'enfants qui présentent des troubles spécifiques de développement diagnostiqués et reconnus, on s'interroge sur les modalités mnésiques à privilégier pour leur permettre par un programme thérapeutique adapté de s'approprier le plus complètement possible le langage oral et écrit.

À travers six rééducations, nous allons tenter d'analyser les stratégies mnésiques spécifiques utilisées par des enfants dysphasiques, dyslexiques et sourds dans leur utilisation de la mémoire pour leur appropriation du langage oral et/ou écrit.

Après ces études de cas, nous tenterons de dégager des orientations rééducatives en distinguant :

– l'entraînement et la stimulation de la mémoire de travail, qui facilitent le traitement du langage oral et du langage écrit;
– du travail de la mémoire à long terme, qui améliore les capacités d'apprentissage et d'acquisition durable de connaissances.

Enfin, des outils utilisables pour l'évaluation de la mémoire seront proposés en annexe.

2

MÉMOIRE ET DYSPHASIE

Quelques points de repères

La dysphasie est un trouble sévère du développement du langage. Il s'agit d'un trouble structurel touchant la partie innée de l'équipement linguistique et conduisant à des déviances permanentes dans l'utilisation du code langagier. La dysphasie se différencie des retards simples qui sont les troubles fonctionnels d'acquisition. Les données épidémiologiques sont complexes car la prévalence des dysphasies ne peut s'envisager qu'en référence aux retards de langage. D'après une revue de la littérature faite par Silva en 1987, la prévalence des dysphasiques est de 1 % des enfants parmi les 6 à 8 % d'enfants d'âge scolaire présentant des troubles du langage.

LES TROUBLES DYSPHASIQUES

La dysphasie a fait ces dernières années l'objet de nombreuses études portant sur l'analyse des troubles spécifiquement dysphasiques considérés comme marqueurs de déviance. Ils sont regroupés en six troubles :

– *trouble de l'incitation verbale* consistant en une hypospontanéité avec une réduction de la longueur des énoncés et une difficulté à maintenir un dialogue du fait de l'extrême réduction des échanges ;

– *dissociation automatico-volontaire* essentiellement phonologique entre les situations spontanées et les productions volontaires ;

– *trouble de l'encodage syntaxique* : alors que la conscience syntaxique peut être normale, on relève des productions agrammatiques et/ou dyssyntaxiques ;

– *trouble de l'évocation lexicale avec un manque du mot* : l'enfant ne peut évoquer des mots qu'il possède dans son stock lexical. On note dans les épreuves de dénomination des conduites d'approche, des paraphasies sémantiques ou phonétiques, des persévérations ;

– *troubles de la compréhension verbale* qui peuvent aller d'une difficulté à traiter les sons jusqu'à un trouble de la compréhension lexicale ou syntaxique;
– *trouble de l'informativité* qui porte sur la dimension pragmatique du langage. L'enfant parle mais ne tient pas compte de ce qu'il veut transmettre. Il est incapable par le seul codage verbal de transmettre une information simple.

LES DIFFÉRENTS TYPES DE DYSPHASIES

L'existence d'au moins trois marqueurs de déviance signe l'existence d'une dysphasie et permet d'en différencier le type. Selon la classification de Gérard (1991), il peut s'agir :

– d'une dysphasie phonologique-syntaxique;
– d'une dysphasie de production phonologique;
– d'une dysphasie kinesthésique afférente;
– d'une dysphasie réceptive;
– d'une dysphasie lexicale syntaxique;
– d'une dysphasie sémantique-pragmatique.

Il apparaît donc qu'il n'existe pas *une* dysphasie mais *des* dysphasies dont le diagnostic et le typage ne sont pas aisés. Ils nécessitent le recours à des évaluations pluridisciplinaires portant sur l'efficience intellectuelle, l'environnement affectif et social, l'audition, l'appareil bucco-phonatoire, le développement linguistique.
Il faut également souligner que la grande variété des dénominations concernant les dysphasies conduit actuellement à lui préférer le terme de *troubles spécifiques de développement du langage* en français (TSDL, Chevrie-Muller, 1996), ou *Developmental Language Disorder* (DLD, Rapin et Allen, 1983) ou *Specific Language Impairment* (SLI, Bishop, 1992).

Conclusion

Comme conclusion à ce débat nous adopterons la définition de M. Monfort :
« Le terme de "dysphasie" présente l'avantage de distinguer un groupe particulier d'enfants dont les troubles sont suffisamment graves et le pronostic suffisamment préoccupant pour prendre des mesures fondamentalement différentes de ce que nous faisons habituellement pour l'autre groupe d'enfants pour lesquels le terme de "retard de langage" nous semble plus approprié, même si nous savons qu'il ne s'agit pas seulement d'un problème de rythme d'acquisition. » (Monfort, 1996)

L'histoire d'Émile ou le mystère des dysphasies

Les parents du jeune Émile demandent une prise en charge pour leur fils qui présente un « très gros retard de langage ». L'hypothèse d'une dysphasie est évoquée.

Fondée sur un diagnostic de syndrome sémantique pragmatique, la rééducation d'Émile et les diverses évaluations de suivi ont montré qu'il s'agissait plutôt d'une dysphasie de type phonologique syntaxique.

ANAMNÈSE

Émile est un petit garçon de 4 ans et 7 mois plutôt silencieux et au visage peu expressif. Second enfant d'une fratrie de deux, il est scolarisé en moyenne section de maternelle. Sa sœur aînée suit une scolarité sans difficulté et présente un bon développement verbal et cognitif. Dans l'histoire personnelle d'Émile, on ne note pas de pathologie particulière ni d'antécédents spécifiques. Son poids de naissance était de 2,8 kg. Les examens audiométriques et le recueil des otoémissions acoustiques ont confirmé l'existence d'une audition normale.

ÉVALUATION ORTHOPHONIQUE

Au cours de l'observation initiale, la communication apparaît difficile à initier et à maintenir avec Émile, malgré la qualité du contact et de l'intérêt montré par l'enfant pour tenter d'exécuter les diverses épreuves proposées.

Son niveau de langage se situe globalement au stade du jargon. Il est écholalique et ses productions sont fréquemment inintelligibles. Le nombre d'unités lexicales est très restreint. Sa voix est d'un timbre aigu avec des intonations toujours descendantes. Il se dégage de l'observation, de la passation des tests, de l'entretien avec les parents, l'impression d'être en présence d'un trouble structurel du langage.

Après la discussion avec les parents, le pédiatre et l'enseignant, une prise en charge orthophonique est mise en place avec un double objectif : d'une part l'établissement d'une communication non verbale et verbale, d'autre part le recueil de données longitudinales et contextuelles permettant d'étudier les modalités perceptives, les stratégies de mémorisation et le style des interactions privilégiées par Émile. L'existence d'un trouble structurel nécessite une observation prolongée et une étude de la manière dont Émile répond aux aides qui lui sont proposées.

Des résultats positifs. — En quatre mois, Émile passe du jargon au stade des premières phrases et développe considérablement son lexique. Il peut suivre le récit sur un livre. Dans des situations routinières, il produit de petites phrases canoniques à trois éléments parfois inintelligibles en raison de problèmes phonologiques. Il présente beaucoup de difficultés à produire les phonèmes consonantiques de la langue française de façon isolée, alors qu'il peut les émettre précisément lorsqu'il tente de restituer une histoire racontée. Il semble présenter une difficulté spécifique à programmer les gestes articulatoires des phonèmes.

SCOLARITÉ EN MATERNELLE

En moyenne section. — Au cours de la scolarité en moyenne section de maternelle, l'évolution d'Émile est positive tout autant sur le plan de la stabilité que du langage oral. Cependant l'équipe pédagogique s'inquiète de l'importance du décalage par rapport aux enfants de son groupe d'âge et de sa participation irrégulière aux activités du groupe.

En grande section. — À la rentrée de septembre, Émile passe en grande section de maternelle dans le même établissement scolaire. Après un mois de scolarité, l'enseignante s'inquiète : elle note des problèmes de comportement avec l'expression d'une agressivité dans les services périscolaires. Dans les situations de groupe, Émile peut s'en prendre physiquement aux autres enfants : les mordre, pincer ou griffer. En situation pédagogique, on observe des replis dans les livres lorsque les activités scolaires ne l'intéressent pas. Face à des demandes un peu plus formelles, Émile se bloque et s'oppose. L'enseignante signale également que la latéralité n'est pas déterminée.
À la synthèse du second trimestre, l'institutrice remarque cependant une amélioration globale. Émile manifeste une grande curiosité et de bonnes capacités de mémorisation. « Quand on lui lit quelque chose, il comprend et se souvient. » Il en est de même pour les consignes qu'il comprend souvent plus vite que les autres, mais il peut se bloquer. Émile s'isole alors du groupe, se met à part et joue silencieusement avec des dinosaures.

ÉVALUATION PLURIDISCIPLINAIRE N° 1

C'est alors que l'on déclenche un bilan pluridisciplinaire complet en vue du diagnostic précis du trouble structurel et de l'orientation psychopédagogique à prévoir pour la suite de la scolarité.
Émile est vu dans une structure hospitalière spécialisée. Le bilan médical, psychologique et psycholinguistique est le suivant.

En situation de consultation médicale, Émile présente un bon contact interactif. Sa compréhension verbale globale paraît satisfaisante mais on note sur le versant expression un trouble phonologique massif. Il montre une instabilité psychomotrice modérée et des conduites d'évitement de l'échange verbal. On note une grande insuffisance dans le développement syntaxique. Émile n'est pas agrammatique mais il n'utilise que le temps présent, parfois l'infinitif et présente des difficultés massives à manier les marqueurs de genre et le pronom personnel. On suspecte un trouble dysphasique de type sémantique pragmatique.
L'évaluation psychométrique révèle la présence d'un trouble expressif très important associé à un trouble oppositionnel même dans les situations non verbales.
Au test WPPSI-R, on obtient une dissociation très importante entre les deux échelles au détriment du verbal. En performance, ses résultats le situent à un niveau normal pour son âge. En verbal, Émile est en difficulté massive pour

toutes les épreuves même lorsque la réponse à fournir est une simple désignation d'images. Il semble donc associer un mauvais développement lexical à un trouble de la compréhension.

L'évaluation psycholinguistique met en évidence qu'Émile est un enfant au contact évitant avec une forte agitation motrice constante et des difficultés à se concentrer sur une tâche. On ne note pas de réelle opposition mais une grande fatigabilité. L'incitation verbale est extrêmement réduite, le trouble de l'intelligibilité est massif en raison de déformations phonologiques. On observe une grande adhérence à l'examinateur avec une écholalie constante pendant tout l'examen et même une reproduction des pointages d'images. Émile présente des difficultés pragmatiques à s'adapter à la situation d'examen et aux situations de contrainte.

L'examen de l'articulation met en évidence l'absence de /j/, /n/, /l/ et /r/ mais l'analyse du corpus complet révèle la présence de /l/ et /z/ dans les productions spontanées. L'existence d'une dissociation automatico-volontaire est confirmée. L'épreuve de dénomination phonologique est incotable mais on relève la présence d'émissions trisyllabiques. L'épreuve de répétition de mots simples est totalement échouée. Là aussi, la dissociation automatico-volontaire est remarquée puisque certains items déclenchent une dénomination correcte alors que le mot ne peut être répété.

Le stock lexical évalué en désignation est globalement correct pour l'âge. Avec cependant une certaine hétérogénéité des réponses : à l'EVIP (test de vocabulaire), on note en effet des échecs qui ne sont pas liés au caractère rare du mot.

La syntaxe constitue une difficulté majeure. Le TCG (test de syntaxe : Test de closure grammaticale) est incotable, la consigne ne semble pas être comprise. L'écholalie parasite les productions attendues. En spontané, on note essentiellement des structures sujet-verbe ou verbe-objet, mais il existe des possibilités de produire des structures sujet-verbe-objet. Les prépositions spatiales, la distinction il/elle, l'opposition singulier/pluriel ne sont pas maîtrisées. Les verbes ne sont présents qu'à l'infinitif ou au présent. La notion de genre est bien maîtrisée sur les déterminants. La compréhension verbale est difficile à évaluer précisément : l'inadéquation du comportement d'Émile durant l'examen met en évidence un trouble global de la compréhension contextuelle. Au NSST (test de syntaxe), il obtient une note inférieure de deux déviations standard par rapport à son âge.

Le graphisme est réalisé indifféremment main droite/main gauche. On obtient facilement la production d'un rond, d'un carré, d'une croix, d'une droite et d'une oblique mais le triangle est échoué. Émile est capable de reconnaître son prénom écrit mais pas des mots simples comme « papa » et « maman ».

Remarque

Au total, il faut noter que le diagnostic de dysphasie est confirmé et que les difficultés de régulation comportementale doivent amener à mettre en place des adaptations éducatives et probablement une intervention psychomotrice. Par ailleurs, une concertation avec l'école doit être menée afin d'orienter la structure scolaire à retenir pour l'année suivante.

RÉÉDUCATION ORTHOPHONIQUE

La rééducation orthophonique est donc poursuivie avec les objectifs suivants organisés selon trois axes.

Axe phonologique. — Utilisation de la mémoire motrice pour la mise en place d'empreinte gestuelle permettant la programmation aisée des praxies articulatoires. Parallèlement, un travail devra être réalisé sur la mise en place de la conscience phonologique.

Axe syntaxique. — Recours aux histoires et récits afin de développer la syntaxe en s'appuyant sur des procédures de mémorisation implicite. Depuis plusieurs mois, Émile apprécie ce type de tâche et il semble que ce travail lui permette d'utiliser ses capacités de mémorisation pour accéder aux structures syntaxiques des énoncés grâce à des effets d'amorçage.

Axe pragmatique. — Proposition de jeux de rôle pour développer les stratégies de communication, la prise en compte de l'interlocuteur et de la situation évitant ainsi les replis et « enfermements ».

> Trois mois plus tard, on note que son articulation s'est améliorée. Le système phonologique est alors complet. En situation de rééducation, environ 60 % de ses énoncés sont intelligibles. Émile produit des phrases de cinq éléments en moyenne. Le pronom « je » est apparu et l'écholalie a tendance à disparaître. Émile commence par ailleurs à s'intéresser au langage écrit. Il aime recopier des formes globales de mots et reconnaît également quelques lettres. Il affectionne les prénoms des sept nains et Grincheux, Timide, Joyeux, Prof, Dormeur, Atchoum et Simplet n'ont plus de secret pour lui (travail de la mémoire visuelle).

PSYCHOMOTRICITÉ

À la fin de l'année de grande section de maternelle, une prise en charge en psychomotricité démarre. Au cours du bilan initial, Émile, alors âgé de 6 ans, apparaît inhibé et fort indécis, utilisant la main gauche pour se dessiner et la main droite pour écrire son nom. D'après le bilan, il semble avoir une latéralité neurologique homogène à droite au niveau de la main, de l'œil et du pied. Il alterne pour le choix de la main qui écrit ou dessine. Il semble que ce refus de choisir s'inscrive dans un trouble oppositionnel.
La psychomotricienne signale d'ailleurs que le début des séances révèle l'importance des troubles psychologiques avec la nécessité d'un rituel d'entrée. Quand il commence une séance, Émile prend un livre, tourne les pages compulsivement puis il prend un camion et enfin un ballon. Progressivement, il accepte de venir raconter une histoire qu'il tente de symboliser par un dessin. On observe alors une alternance main droite/main gauche.

Pendant plusieurs mois, Émile affirme systématiquement que sa main droite est fatiguée. Lorsqu'il s'aperçoit qu'il réalise un dessin ou un graphisme de sa main droite, il passe immédiatement à gauche. Le découpage se fait toujours avec la main droite. Celle ci est plus efficiente au niveau de la précision et de la rapidité du geste. Au bout de 4 mois, la latéralité se fixe à droite et parallèlement le symbolisme s'enrichit. Les couleurs émergent dans ses dessins. Il semble plus libre mais de fortes réactions anxiogènes apparaissent. Quand on tente de le faire changer d'activité, il préfère répéter ce qui est connu et acquis.

> Un an après le début de la prise en charge, Émile se conforte à droite pour la praxie graphique et il maîtrise mieux la structuration spatiale. Le repérage spatio-temporel révèle une meilleure adaptation (fig. 8). Les capacités d'attention et de mémorisation sont augmentées.

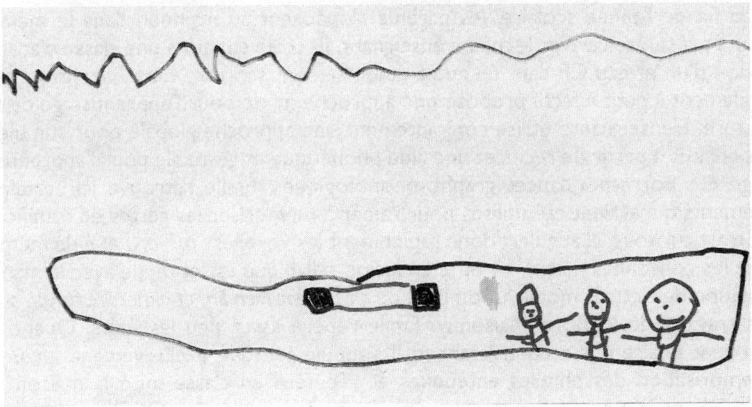

FIG. 8 — Le sous-marin d'Émile.

SCOLARITÉ EN PRIMAIRE

En cours préparatoire (CP)

Pendant toute cette période, Émile poursuit une rééducation orthophonique bihebdomadaire parallèlement à une scolarité dans un CP à petit effectif où sa participation est très irrégulière. L'évolution la plus marquante se situe dans son abord de la communication et sur le plan du langage oral. Émile n'est plus écholalique, l'interaction verbale est mieux planifiée avec une mise en place de l'alternance des rôles et des prises de parole. Ses énoncés se sont allongés et il utilise mieux les outils de référentialisation et les différents mots-fonctions. Ses productions sont informatives avec une bonne utilisation des flexions verbales. L'intelligibilité s'améliore même si le débit est parfois ralenti avec des erreurs de segmentation. La prosodie est parfois monotone et la voix peut prendre un timbre suraigu. Son lexique s'améliore, il est passé d'un score brut de 35 au *Vocim* à un score de 50 en six mois. La compréhension peut maintenant être évaluée d'une façon plus précise. Au test O52 de Khomsi, ses performances le situent dans la médiane des enfants de 4 ans 1/2 avec une majorité de stratégies lexicales. Cependant le langage écrit n'est pas investi et le travail autour de la lecture est difficile, car Émile a un fort sentiment d'échec. Cela lui semble « trop difficile, trop fatigant ». On parvient à l'intéresser sur des exercices de repérage et de recherche de mots chargés affectivement et rapidement Tom-Tom, Nana et Kriss de Banane sont identifiés et produits. Les associations phonétiques sont difficiles mais il accepte ce genre d'entraînement, alors qu'il ne s'intéresse pas aux pictogrammes que nous proposons pour stimuler l'entrée dans le code et favoriser l'accès aux symboles.

En classe d'adaptation

À la fin de l'année scolaire, les parents s'opposent au maintien dans le même cours préparatoire avec le même enseignant. Ils trouvent alors une classe d'adaptation d'un niveau CP dans un autre établissement scolaire. Cette classe qui est également à petit effectif propose une approche mixte pour l'apprentissage de la lecture. L'enseignante utilise conjointement une approche globale pour stimuler les enfants à partir de récits et une aide phonétique et gestuelle pour l'apprentissage des correspondances grapho-phonologiques. Émile retrouve ici certains éléments qui avaient été utilisés pour l'aider à mémoriser les gestes de planification articulatoire. Il acquiert donc rapidement les voyelles : *a*, *i*, *o*, *u* et *é* de même que les consonnes *f*, *ch*, *s*, *l*, *r* et *p*. La fusion syllabique est obtenue avec la manipulation des lettres mobiles. Son livre de classe est *Bien lire et aimer lire* fondé sur les travaux de M. Borel-Maisonny. Émile repère assez peu les mots. Quand il parvient à faire des reconnaissances, il s'appuie presque exclusivement sur une mémorisation des phrases entendues et répétées en classe ou à la maison. Il procède de la même façon sur les petits livres de la collection OCDL[1] qui favorisent la lisibilité et la répétition : *Où est bébé éléphant?*; *Bébé oiseau*; *L'incendie*...
L'institutrice se plaint d'une participation très irrégulière avec des moments d'opposition, des ruptures de communication et des replis. Elle demande, ainsi que la psychologue de l'établissement scolaire, une réorientation de l'enfant et évoque un centre spécialisé.

ÉVALUATION PLURIDISCIPLINAIRE N° 2

La psychologue qui avait pratiqué la première évaluation le revoit à la fin du premier trimestre et signale l'évolution positive d'Émile.
Au cours de l'évaluation psychologique, Émile participe volontiers aux activités proposées. Il est très stable et coopérant et a le désir de bien faire et de satisfaire son interlocuteur. Le WISC-III met en évidence une importante dissociation entre ses performances verbales et non verbales, qui signe la persis-

1. Collection éditée par Hurtubise, Montréal (Canada).

tance du trouble verbal mais également la bonne évolution de ses aptitudes. En effet, à l'échelle non verbale, il obtient un quotient normal pour son âge avec une bonne capacité d'organisation chronologique des données et un raisonnement spatial et constructif correct. L'épreuve de code qui nécessite de bonnes capacités graphomotrices et la rapidité est échouée. Au cours de cette tâche, Émile se montre lent, n'utilise pas de stratégie d'exécution de gauche à droite et ne fait pas d'apprentissage.

Dans les épreuves verbales, il obtient des résultats hétérogènes qui rendent compte :

– d'un niveau de raisonnement verbal avec un abord fonctionnel des concepts;
– d'un stock lexical encore insuffisant;
– d'une absence de connaissance des repères temporaux;
– d'un niveau d'arithmétique lui permettant un dénombrement simple mais l'absence de sériation et d'accès au raisonnement opératoire;
– des difficultés de rétention mnésique avec un *digit-span* à 3.

L'examen du langage confirme l'existence du trouble expressif sévère qui n'épargne pas le versant réceptif pourtant meilleur. L'inintelligibilité et l'insuffisance syntaxique sont importantes, le stock lexical est faible. Alors que la discrimination auditive est bonne, on note des résultats insuffisants sur le plan réceptif. Ses scores sont peut-être aggravés par des difficultés d'attention et de concentration car on relève une fluctuation des résultats. Ce tableau évoque une dysphasie de type phonologique syntaxique. Il est important de souligner l'étendue des progrès réalisé depuis le bilan précédent. L'évolution se situe sur le plan adaptatif avec un meilleur contact et une diminution de l'écholalie et des persévérations. Par ailleurs, on note sur le plan syntaxique un meilleur contrôle des structures simples et une évolution importante de la compréhension situationnelle et contextuelle. Enfin, une amélioration de la conscience phonologique est relevée.

Cette seconde évaluation pluridisciplinaire précise le typage de la dysphasie et confirme la nécessité de mettre en place un travail psychologique, d'orienter la scolarité vers une classe spécialisée, de poursuivre l'orthophonie et la psychomotricité.

Ce profil cognitif montre des difficultés dans toutes les épreuves liées à l'apprentissage scolaire et demandant des capacités attentionnelles disponibles et des stratégies de mémorisation. Le verbal et toutes les activités s'y rapportant (scolaires surtout) sont appréhendés de manière anxieuse par Émile. La psychologue conclut qu'il doit être aidé à dépasser cette anxiété pour « récupérer » son énergie psychique et la mettre au service des apprentissages.

La rééducation devient difficile, en raison de problèmes de motivation, d'attention et de concentration. On note un important désir chez Émile de dominer la situation. Une agressivité apparaît parfois qui peut s'exprimer par l'hyperactivité ou l'isolement avec l'expression d'une grande fatigue. Il rompt souvent le cadre et l'on note une grande fluctuation dans les résultats tout autant dans le domaine du langage oral qu'écrit avec des périodes de régression. Cependant on observe une évolution constante de la compréhension et de l'expression syntaxique.

Perspectives

La découverte des excellentes capacités de mémorisation d'Émile pour les récits a fortement contribué à améliorer le développement de l'encodage syntaxique, ainsi que la longueur et la richesse de ses phrases qui se sont considérablement accrues. La mémorisation intégrale des structures des énoncés — peut-être dans le prolongement de l'écholalie initiale — a semble-t-il joué un rôle de mise à distance de l'angoisse. Mais alors qu'il manifeste d'étonnantes capacités mnésiques pour certains éléments du langage (récits-phrases, chansons), Émile ne semble pas avoir transféré ses compétences dans l'apprentissage de l'écrit. Ses productions sont essentiellement des noms isolés de héros de récits connus ou des copies de phrases accompagnant les dessins qu'il réalise spontanément. On retrouve ici une harmonie entre ses productions orales et écrites (fig. 9).

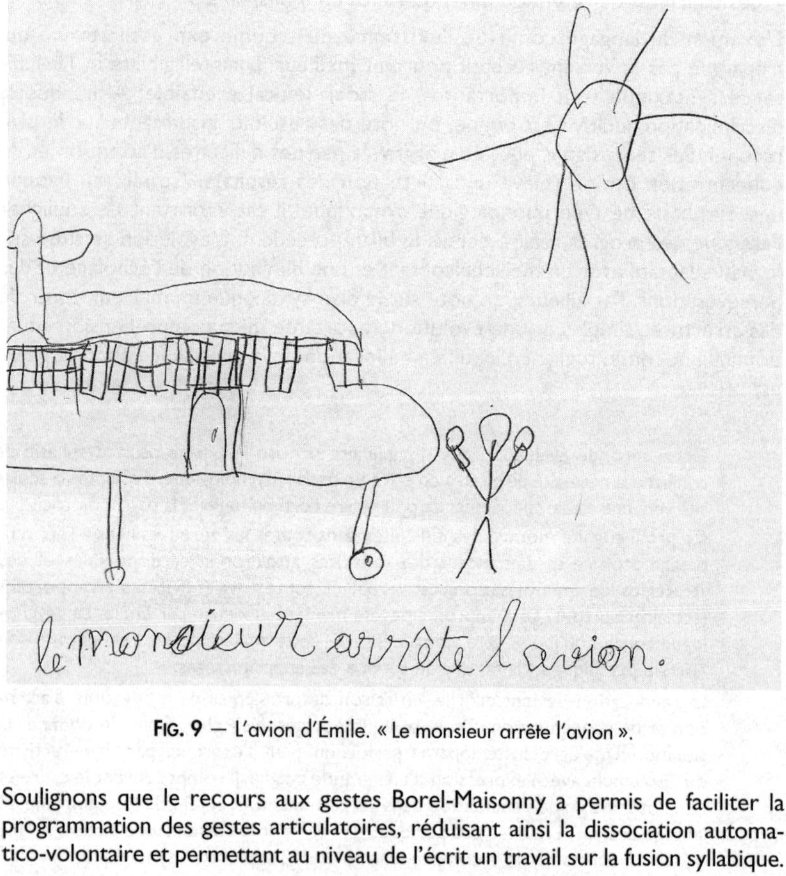

FIG. 9 — L'avion d'Émile. « Le monsieur arrête l'avion ».

Soulignons que le recours aux gestes Borel-Maisonny a permis de faciliter la programmation des gestes articulatoires, réduisant ainsi la dissociation automatico-volontaire et permettant au niveau de l'écrit un travail sur la fusion syllabique.

Ce travail a été associé à un renforcement des acquisitions scolaires, la méthode étant identique à celle utilisée en classe. Par ailleurs, le travail de conscience phonologique a été facilité par son excellente mémorisation de Tom-Tom et Nana ou encore des sept nains, servant de fondement aux autres apprentissages de même nature.

L'histoire de Rémi

Rémi est un jeune garçon de 7 ans et demi, souriant et « demandeur » de rééducation orthophonique car il « parle un peu mal » et « oublie les choses » d'après ses propres dires.

ANAMNÈSE

Cadet d'une fratrie de trois garçons, Rémi est suivi en orthophonie depuis l'âge de 4 ans pour un trouble structurel du langage dont le typage n'a pas fait l'objet d'un diagnostic précis. Ce trouble est associé à d'importantes difficultés mnésiques. Il n'existe pas de notion d'antécédent familial de trouble des apprentissages. On ne relève pas de problèmes particuliers de santé hormis une otite séreuse pendant le deuxième trimestre de la moyenne section de maternelle; mais cette pathologie ORL a été traitée et la récupération auditive a été totale. Rémi est actuellement scolarisé en classe de CE1 et l'enseignante souligne l'importance et le caractère spécifique de ses difficultés.

Son développement psychomoteur est normal alors que les troubles du langage sont apparus précocement sans trouble du comportement. D'après son entourage, Rémi s'exprimait dans un charabia mais arrivait à se faire comprendre.

À partir de 4 ans, une prise en charge orthophonique a été réalisée mais elle a subi de nombreux aléas. En effet, Rémi a changé trois fois d'orthophoniste et connu plusieurs types d'approches rééducatives.

ÉVALUATION ORTHOPHONIQUE

Rémi est un jeune garçon de bon contact connaissant bien l'orthophonie dans la mesure où il a déjà suivi plusieurs rééducations. Dans l'examen du langage oral et écrit initial on relève des troubles linguistiques dans les modalités orales et écrites.

Langage oral. — D'importantes séquelles d'un trouble spécifique de parole et de langage sont relevées tout autant dans le langage spontané que dans les épreuves dirigées. Son incitation verbale est correcte mais il présente un trouble de l'encodage syntaxique. Rémi manie difficilement les flexions verbales et on note une utilisation erronée des mots fonctions. Dans les tâches de dénomination et d'évocation, on observe un manque du mot. De plus, on relève, sur le versant phonologique, la présence d'un stigmatisme latéral portant sur les constrictives /s/ et /z/.

Langage écrit. — La lecture est acquise mais laborieuse et avec des confusions visuelles sur les /d/ et les /b/ et des erreurs d'interprétation des articles. Par ailleurs, Rémi est fatigable et ne peut maintenir longuement une attention soutenue. Sa latéralité est fixée à gauche et son graphisme est lent et laborieux.

> Au total, il apparaît indispensable et urgent de reprendre la rééducation orthophonique. Étant donné l'importance du trouble, l'école accepte l'idée que la rééducation ait lieu sur le temps scolaire et l'on décide avec la famille un planning d'une séance hebdomadaire.

RÉÉDUCATION

L'objectif prioritaire de cette nouvelle prise en charge est d'établir une continuité avec ce qui avait été entrepris précédemment. Nous poursuivons ainsi le travail qui avait été réalisé sur le lexique et nous proposons une rééducation sur la structuration temporelle.

Travail sur le lexique

La rééducation entreprise précédemment était basée sur le recours aux images, et Rémi exprime un grand soulagement à retrouver l'*Imagier du Père Castor*[1] qui avait étayé le travail de développement du stock lexical entrepris jusqu'alors. À partir des items dénommés, nous reprenons le travail mnésique et réalisons des regroupements en fonction de liens sémantiques et/ou phonologiques et d'associations personnelles réalisées par Rémi.
Dans un premier temps, Rémi exprime que ce travail « comme avec l'autre orthophoniste » lui plaît beaucoup. Il prend chaque semaine 6 images qu'il regarde et évoque chaque jour à la maison avec sa mère. À la séance suivante, il les rend s'il les a toutes bien mémorisées et évoquées. Rapidement la reprise de ce travail le rassure et nous pouvons aborder différents champs sémantiques :

– *les animaux* : ceux qu'il a vu « en vrai », ceux qui peuvent habiter avec les personnes, ceux qui habitent en Afrique, ceux qui ont des plumes, des poils, des écailles, ceux qui nagent, ceux qui rampent, ceux qui volent...
– *les aliments* : salés, sucrés, chauds, froids, ceux que l'on mange en début de repas en entrée, ou au contraire les desserts...
– *les outils* : pour construire une maison, réparer une voiture...
– *les matières* des vêtements, des objets...
– *les métiers*, *les activités* sportives et manuelles...

1. *Imagier du Père Castor*, Flammarion-Père Castor, Paris, 1994.

Nous travaillons ainsi sur le niveau de base prototypique et cherchons à accéder au niveau superordonné créant ainsi des liens pouvant faciliter l'accessibilité au lexique.

Exemple

Au cours de cette approche, les réseaux sont renforcés et le travail syntaxique est également abordé : *C'est le...* (vélo) *du...* (facteur); *C'est la...* (laine) *du...* (mouton).

Nous tentons ensuite de fabriquer de courts scénari permettant d'employer les unités lexicales connues. Partant de son vécu, on élargit les sollicitations au domaine imaginaire tentant d'inventer la journée d'un panda en Chine ou celle d'un preneur de son dans une navette spatiale en route vers Mars.

Parallèlement, un travail sur la précision phonologique est réalisé tout autant en rééducation qu'avec les parents par le recours à des phrases types et des comptines permettant un travail métaphonologique.

Exemple

Avec le lapin médecin qui soigne :
– la chatte qui a mal aux pattes;
– la belette qui a mal à la tête;
– l'hirondelle qui a mal aux ailes...

Structuration temporelle et spatiale

Structuration spatiale

La première phase de la mise en mémoire, c'est-à-dire l'observation et la représentation, étant particulièrement difficile pour Rémi, nous l'abordons à partir de son espace personnel proche, à savoir sa chambre et sa classe. La réalisation est très difficile : Rémi, après une première tentative avec des *Play-Mobil*, tente de reproduire sur le papier la place respective de ses différents camarades de classe. L'emplacement de Pierre-Olivier demeure obscur.

Quant à sa chambre dans laquelle le lit occupe une position centrale, il éprouve de grandes difficultés à positionner son bureau (fig. 10).

La description d'une activité hebdomadaire, le sport tous les vendredis, est plus transparente. Il se sert d'une échelle pour expliquer l'objectif du saut en longueur ou en hauteur et ses performances dans cette activité (fig. 11).

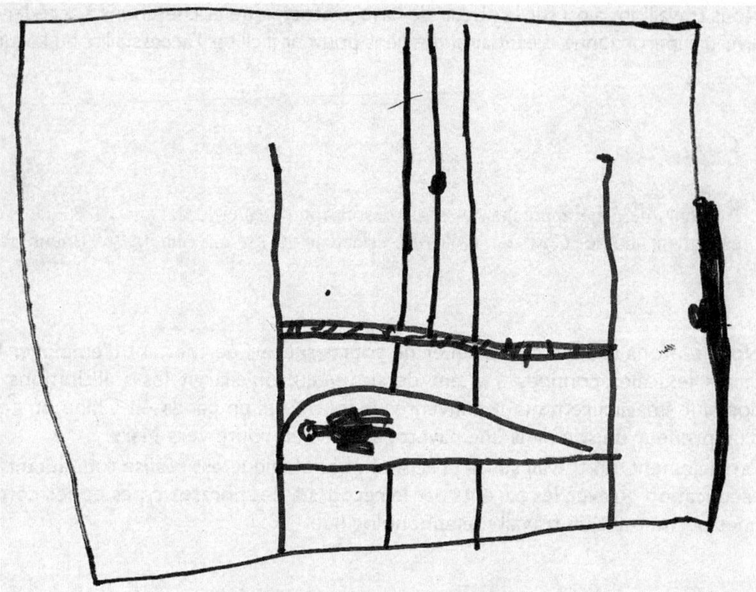

FIG. 10 — La chambre de Rémi.
« C'est le lit, la chambre, la fenêtre. »

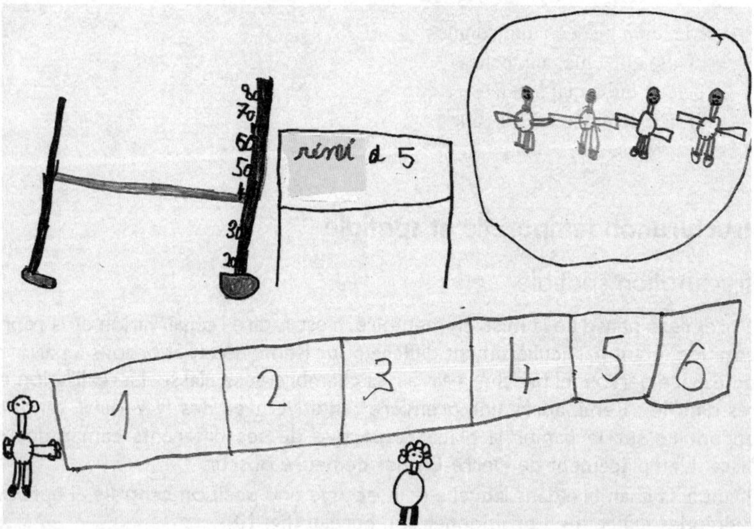

FIG. 11 — Le sport du vendredi.
« Tous les vendredis il faut courir un peu. Quelquefois on saute le plus loin possible et quelquefois on saute le plus haut. Moi j'ai 5. »

Structuration temporelle

Le repérage des jours et mois de l'année est également laborieux. À partir d'un logiciel informatique, Rémi se passionne pour les diverses occupations de deux petites souris et tente d'organiser leurs occupations du matin jusqu'au soir. Ses repérages personnels sont basés sur les repas.

Le passage à la semaine lui semble plus aisé compte tenu de sa connaissance mémorisée en maternelle de la comptine : *Bonjour lundi, Comment va mardi, Pas mal mercredi, Et toi jeudi, Tu diras à vendredi, Que je pars samedi, Pour arriver dimanche.*

Cependant, l'organisation des semaines sous forme de tableau lui pose problème et nous devons recourir à un logiciel spécifique et à la comparaison avec les divers calendriers disponibles pour organiser cette structuration fondamentale.

En ce qui concerne les mois de l'année, nous utilisons les liens entre mémoire épisodique et sémantique pour donner une valeur spécifique à chaque mois (fig. 12).

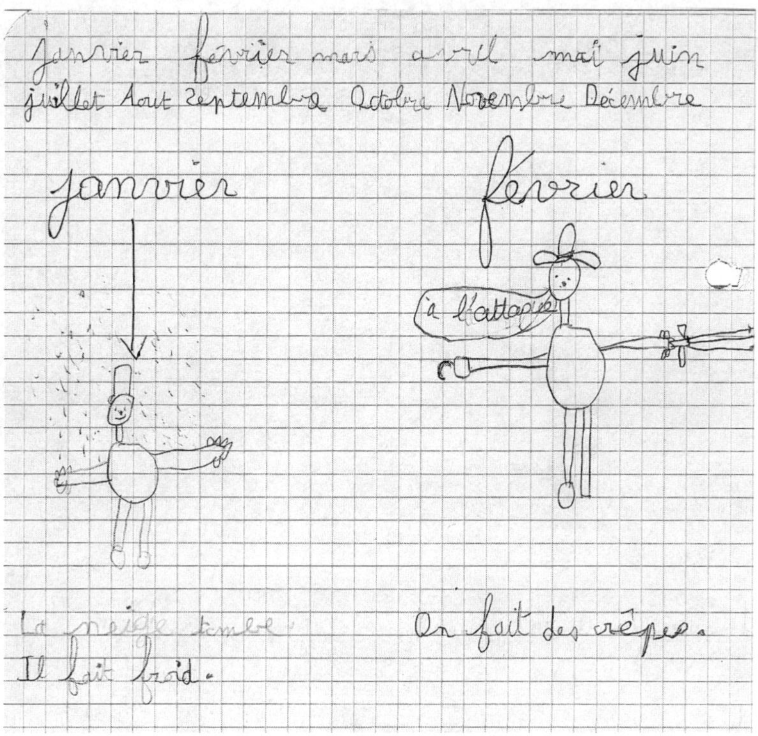

FIG. 12 — Les mois selon Rémi.
Janvier : « La neige tombe, il fait froid. » Février : « On fait des crêpes. »

Perspectives

Même si l'évolution verbale est lente, Rémi progresse dans ses apprentissages académiques. Il est très compétent en mathématiques et va passer en CE2. La rééducation doit bien évidemment se poursuivre avec un accent tout spécifique porté à l'organisation temporelle.

Ces deux histoires cliniques révèlent la complexité des prises en charge orthophoniques des enfants dysphasiques : complexité du diagnostic, intrication psychologique, difficultés d'orientation scolaire, complexité de la rééducation orthophonique.

Dans le parcours d'Émile, les possibilités de mémorisation ont constitué un élément clé de la rééducation permettant de développer les structures syntaxiques et l'enrichissement lexical.

Pour Rémi, il a fallu au contraire travailler spécifiquement ses capacités mnésiques pour lui permettre de développer son langage et tout spécialement les aspects lexicaux et l'organisation temporelle.

3

MÉMOIRE ET DYSLEXIE

Quelques points de repères

La dyslexie est un trouble qui touche 4 à 6 % des enfants scolarisés et qui affecte entre 3 et 7 fois plus les garçons que les filles. Il ne faut pas confondre les apprentis lecteurs, les mauvais lecteurs et les dyslexiques. Dans les pays économiquement favorisés, 20 à 25 % des enfants présentent des difficultés d'apprentissage de la lecture mais seulement 1/5 d'entre eux peuvent être considérés comme dyslexiques. La définition de la Fédération mondiale de neurologie est souvent adoptée pour la dyslexie développementale : « La dyslexie est un trouble manifesté par des difficultés dans l'apprentissage de la lecture en dépit d'un enseignement conventionnel, d'une intelligence normale et d'un milieu socioculturel ordinaire. Elle dépend de déficits cognitifs fondamentaux dont l'origine est fréquemment constitutionnelle. »

On évoque donc une dyslexie lorsqu'il y a un trouble de la dynamique de l'apprentissage du langage écrit, les performances restant très décalées par rapport à ce qui est attendu pour l'âge et le niveau intellectuel de l'enfant.

Ces enfants ont, d'après Valdois (1996), un bon (voire très bon) niveau d'efficience intellectuelle, ils ne présentent pas de troubles psychologiques graves avant le début ou au début de l'apprentissage de la lecture, ils ont toujours été normalement scolarisés et sont issus d'un milieu normalement stimulant.

ORIGINE DE LA DYSLEXIE

De plus en plus de données suggèrent que les dyslexies sont d'origine organique et peuvent être héréditaires. Une étude statistique menée dans le Colorado montre que le fils d'un père dyslexique a 40 % de risque de l'être lui-même, si c'est sa mère qui est dyslexique ce risque n'est plus que de 35 %. Pour la fille, le risque est de 17 % quel que soit le parent affecté (étude citée par Gombert, 1997). En ce qui concerne l'étiologie, l'origine organique ne serait pas de type lésionnel mais de type particularités neuro-anatomo-fonctionnelles, liées à de habiletés moindres dans des mécanismes de traitement de l'information notamment phonologique.

CLASSIFICATION

On différencie les dyslexies acquises et les dyslexies développementales. Les dyslexies acquises concernent les troubles de la lecture apparaissant chez des adultes après la survenue de lésions cérébrales.
Dans le groupe des dyslexies développementales, plusieurs formes sont aujourd'hui isolées.

La dyslexie profonde développementale. — Elle existe principalement chez l'adulte. Les cas décrits dans la littérature se rapportant aux enfants sont associés à un niveau général d'efficience intellectuelle limite et à un tableau général de trouble du langage. Cette dyslexie se caractérise par des différences de performances suivant le contenu sémantique des mots. Les mots concrets imageables comme « table, voiture, oiseau » sont mieux lus que les mots abstraits comme « idée, rêve, peur »... Les sujets atteints de dyslexie profonde développementale sont pratiquement incapables de déchiffrer des pseudo-mots ou des nouveaux mots. Enfin en lecture de mots isolés on relève de nombreuses erreurs sémantiques : « tigre » est lu « lion ».

Les dyslexies phonologiques développementales. — Elles sont plus fréquentes et largement décrites dans la littérature. Elles touchent les enfants et se caractérisent par des troubles de recodage phonémique avec une difficulté particulière à lire des mots qu'ils ne connaissent pas. Ces dyslexies correspondent à ce que E. Boder nomme dyslexie dysphonétique et qui peut représenter 63 % d'une population dyslexique. Dans ce type de cas, la lecture des non-mots est très laborieuse et les erreurs sont le plus souvent des lexicalisations. Des paralexies visuelles et morphologiques sont également produites en lecture de mots. Cette forme de dyslexie a été observée chez des sujets qui ont en général un très bon niveau d'efficience intellectuelle. Des difficultés similaires sont observées en écriture sous dictée (Valdois, 1996).

Les dyslexies développementales de surface. — Elles se caractérisent par des difficultés importantes en lecture de mots irréguliers, alors que la lecture de mots réguliers et des non-mots est relativement préservée. Dans ce type de dyslexie, les enfants ont tendance à attribuer au mot écrit le sens du mot prononcé. Dans certaines études, on rapporte que ce type de trouble représente 19 % d'une population de dyslexique. Pour E. Boder, qui qualifie ce groupe de dyslexie dyséidétique, la proportion est de 9 %.

Exemples

« Rhum » est lu « rhume » et la définition du mot est « quand on a pris froid ». Les enfants rencontrent en outre des difficultés majeures en définition de mots homophones. Quand on leur présente par écrit des mots « voie » et « taire », ils ont tendance à leur attribuer le sens « voix du chanteur » et « la terre qu'on cultive » associant spontanément la forme phonologique dérivée du mot à son sens le plus fréquent.

Remarque

L'ensemble des travaux démontre l'existence de deux types de dyslexies développementales : les dyslexies de surface et les dyslexies phonologiques. Dans le cadre des dyslexies phonologiques, des troubles de la conscience phonémique ont été mis en évidence avec des difficultés en répétition de non-mots. En revanche, les données actuelles démontrent clairement l'absence de troubles phonologiques dans la dyslexie de surface. Cette forme de dyslexie semble résulter d'une incapacité du système cognitif à créer en mémoire à long terme des traces relatives à la forme orthographique des mots. Cette inaptitude ne semble cependant liée ni à un trouble général de la mémoire à long terme, ni à un trouble plus spécifique de la mémoire visuelle. Un petit nombre de données récentes suggèrent qu'un déficit visuo-attentionnel est associé à la dyslexie de surface (Valdois, 1996).

L'histoire de Walter le désespéré

Âgé de 14 ans, Walter est un garçon pâle, au sourire un peu triste, qui présente d'importantes difficultés d'apprentissage de la langue écrite. La dernière évaluation neuropsychologique insiste sur « le caractère impressionnant de la dysorthographie et l'importance d'une dyslexie dysphonétique non compensée avec un fort retentissement émotionnel ».

ANAMNÈSE

Walter est le second enfant d'une fratrie de trois. Il a un frère aîné qui termine sa scolarité secondaire et une sœur plus jeune qui présente une surdité. Cette dernière a appris à lire et écrire sans difficulté majeure. Elle est également suivie en orthophonie et scolarisée en intégration. Son frère aîné, candidat au baccalauréat, ne présente aucun trouble sensoriel ou instrumental.

On ne signale pas d'autre personne atteinte de dyslexie dans la famille. Sa mère est gauchère mais n'a eu aucune difficulté d'apprentissage du langage écrit. Son

père pense avoir connu des difficultés avec le langage oral mais aucune prise en charge n'a été nécessaire.
Walter était un bébé sans problème : il a marché à 1 an et a parlé « très jeune et très bien ». D'après les souvenirs familiaux de cette époque, il était intéressé par beaucoup de choses et ses premières années se sont passées sans difficulté.

SCOLARITÉ

En maternelle et en cours préparatoire (CP)

Walter est allé en classe à 3 ans et 7 mois, mais il garde peu de souvenir de l'école maternelle. Il était apprécié par les divers enseignants en raison de son intérêt pour toutes les activités proposées et de la pertinence de ses interventions orales. Il se souvient seulement qu'en grande section de maternelle, il pleurait à « l'heure des mamans » car il avait peur de ne pas reconnaître la jeune fille qui viendrait le chercher.
Son langage oral s'est développé normalement et les premières difficultés d'apprentissage de l'écrit se sont manifestées au cours du premier trimestre de cours préparatoire. Il se souvient de cette période : « j'avais des problèmes, c'était la lecture qui coinçait. » Il se rappelle de Magali, héroïne de son premier livre d'apprentissage de la lecture. Son visage s'éclaire lorsqu'il se remémore avoir appris à cette époque le mot « c'est » qui surgit facilement dans sa mémoire et dont il se rappelle encore aujourd'hui.
À la fin du cours préparatoire, en raison de l'importance des difficultés, une nouvelle orientation est prise. Sur les conseils de l'équipe pédagogique, Walter est dirigé vers un établissement à petit effectif utilisant une méthode syllabique et phonético-gestuelle pour l'apprentissage de la lecture. Une prise en charge orthophonique est débutée pendant le redoublement de cours préparatoire dans le nouvel établissement scolaire.

En cours élémentaire (CE)

Walter supporte mal ce petit groupe et un retour vers l'enseignement traditionnel est envisagé à la fin de l'année scolaire. Les évaluations d'acquisitions pédagogiques effectuées alors permettent de concrétiser une admission en CE1. Walter retourne alors dans le premier établissement qu'il fréquentait et réalise correctement son CE1 avec une poursuite de l'orthophonie une fois par semaine en dehors de l'école. Pour cette prise en charge, Walter change de thérapeute du langage. Le travail rééducatif porte essentiellement sur la lecture et l'acquisition d'un stock visuel de mots. À chaque séance, Walter doit observer, apprendre et mémoriser six mots qu'il réécrit la semaine suivante. Walter apprécie ce travail de mémorisation et se révèle très coopérant.
Le CE2 est plus difficile en raison du nombre d'exercices écrits et des dictées dans lesquelles ses confusions phonétiques et visuelles sont légion. Il parvient tout de même à passer en cours moyen première année (CM1). Walter garde un excellent souvenir de cette classe en raison d'un séjour de mer de trois semaines réalisé en début d'année scolaire !

ÉVALUATION ORTHOPHONIQUE DU LANGAGE ORAL ET ÉCRIT

C'est lors de son entrée en cours moyen deuxième année (CM2) que je rencontre Walter pour la première fois pour un bilan orthophonique. Il se présente comme un jeune garçon très coopérant mais semble affecté par ses difficultés en lecture et en orthographe avec un sentiment de dévalorisation. « En dictée, dit-il, un jour j'ai eu une fois 14 mais souvent j'ai 5… quelquefois je fais plus de 20 fautes. » Cependant il apprécie le travail d'expression écrite, il essaie notamment de « trouver la fin de l'histoire ».

Son langage oral est fluide et informatif. L'épreuve des définitions montre qu'il a accès à un stock de mots en rapport avec son âge. Les tâches de définition ne révèlent pas de particularité. L'accès sémantique est bon et l'encodage syntaxique sans déviance. Les épreuves de génération de phrases sont réalisées avec aisance et originalité. Il n'existe pas de trouble de compréhension orale.

Pour la lecture, Walter déclare aimer lire mais la passation des tests révèle d'importantes difficultés. Il déchiffre avec difficultés le texte « Pour des Prunes », texte couramment utilisé par les orthophonistes. Le récit oral réalisé après lecture est lui aussi laborieux et émaillé d'erreurs, notamment dans l'emploi des pronoms, dans l'utilisation des flexions verbales, dans les accords sujet/verbe. Cependant l'accès sémantique est correct de même que le nombre d'idées retenues.

Pour des Prunes

Lors d'une expédition en Italie, des chevaliers français rapportèrent des pruniers qu'ils offrirent à la reine Claude, première femme de François Ier. Elle les fit planter dans ses jardins et surveilla la culture de ces arbres exotiques. Ils donnèrent des fruits parfumés et savoureux qu'on appela « Reine Claude ». Souvent ces fruits étaient volés pendant la nuit. Un pauvre étudiant, pris en flagrant délit, fut pendu en face des arbres dévalisés. Quelques jours après, un misérable vagabond tenta de dérober les diamants de la couronne. Comme l'étudiant, il fut condamné à être pendu haut et court. Arrivé au pied du gibet, le voleur cynique et gouailleur regarda la dépouille de son futur voisin et dit à la foule : « Du moins, si je suis pendu, moi, ça n'est pas pour des prunes. » Le mot était joli et il resta dans la langue.

Transcription de la restitution orale de Walter

C'est deux chevaliers qui ont trouvé des arbres qui avaient des prunes et qui l'ont ramené à la femme de François Ier. Ils en avaient pas avant en France. Un jeune étudiant les avait volés et s'était fait pendre. Un vagabond qui s'est fait prendre parce qu'il volait les bijoux. Il s'est fait pendre après.

Il accepte avec courage les épreuves écrites. L'orthographe est évaluée par la dénomination écrite et l'on relève d'importantes difficultés de transcodage montrant le caractère dysphonétique du trouble.

Exemples

La girafe se transforme en *chirafe*, la grenouille en *cronouille*, la brosse en *brose*, le crayon en *créion*, l'œil en *eille*… La cuillère perd ses deux *l*, change de sexe et se retrouve au masculin *un cuière*, tandis que les ciseaux emmêlent *s* et *c*, perdent leur organisation syllabique et sont transcrits en *sieau.*

La dictée du marché révèle l'ampleur du désastre duquel sortent vainqueurs le « marché », les « fleurs », les « poissons frais » et les « légumes verts » sans oublier cinq « les », quatre « des », un « sur » et un « nous ».

Le marché

Les vendeurs bavards posent les marchandises sur les étalages. Nous sentons l'odeur des fleurs. Les ménagères achètent des poissons frais, des fruits dorés et mûrs, des légumes verts.

Texte de Walter

Le marché
Les vandeurs peause les marchandis sur les étalges. Nous santons les audeurs des fleurs. les ménagère achétée des poissons frais, des fruits dauré et mure des légumes verts.

Paradoxalement, Walter aime produire des écrits et le texte libre qu'il réalise avec enthousiasme est le suivant :

Il étai une foie…

Il étai une foie un petit garçon qui été malade il joué avégue un avion an papier la fénétre étté ouver te la vionépaser par la fenétre et il é tombé sur le balcon des voisi un misié tré tré méchant et trévisar. Je sui aller sonné il madi que ve tu mon aviont de pavier tier (= tiens ?) *il manavé une doule si/tu recomanse tu vaira mai quoi la porte ses claqué il avai une taite tre bissar sur le lit il y a vai un arme. Je remonte ché mon et journal de 20 h il disai une banque sé fait dépouiller sur la quaméra on a vu sete tété sété la tété du Mier danda se lui qui retrouve sete persa an une récompanse de 100 000F Jappel le numé suivant et je di nnemesier le mesier qui abi amba.*

À la suite cette évaluation, on ne peut que confirmer l'importance du trouble et l'absolue nécessité de poursuivre la rééducation. Walter retourne donc avec courage revoir l'orthophoniste qui le suivait précédemment et il effectue tant bien que mal son cours moyen deuxième année (CM2).
Le passage en sixième est abordé avec espoir et enthousiasme par Walter. Il se retrouve dans un collège qui aménage des conditions spécifiques pour les jeunes en difficultés. La classe est composée de vingt-huit élèves qui bénéficient de soutiens adaptés à chacun. Mais il trouve la classe bruyante et ses copains trop agités. Il aime l'histoire et « l'instruction physique » ! Walter demande de l'aide en orthographe et il a un soutien en français.
Un changement d'orthophoniste ayant été décidé pour relancer une dynamique en ce début de secondaire et tenter une stimulation différente par le recours à l'informatique, Walter vient me voir chaque semaine.

BILAN PSYCHOLOGIQUE

Parallèlement, une évaluation psychologique est réalisée afin de mieux évaluer ses capacités cognitives et le retentissement psychologique de sa dyslexie-dysorthographie. Le WISC-R met en évidence une efficience intellectuelle normale avec une dissociation non significative au détriment de l'échelle de performance. Les épreuves de vocabulaire révèlent des confusions de mots phonétiquement proches. Le *digit-span* est à 5 et les épreuves visuo-constructives sont difficiles et Walter réalise lentement l'assemblage d'objets, les cubes et le code. Au cours des épreuves, Walter se montre défaitiste, persuadé qu'il ne va pas réussir lorsqu'il est confronté à une difficulté.

> L'évaluation psychométrique ayant précisé les capacités de Walter, son style cognitif et les répercussions psychologiques de ses troubles, nous établissons à partir du dernier bilan orthophonique un projet spécifique de rééducation associé à une prise en charge psychologique.

RÉÉDUCATION

Le programme rééducatif portera sur :
– la fluidité de lecture ;
– la conscience phonologique ;
– la segmentation ;

– les repérages d'indices pour développer des stratégies immédiates de compensation et de correction des productions écrites;
– la mémorisation visuelle.

Aux moyens classiques de rééducation, on ajoute l'informatique pour :

– provoquer la lecture flash;
– développer un stock visuel de mots notamment irréguliers;
– renforcer des processus d'adressage;
– permettre des autoévaluations offrant à Walter la possibilité de mesurer sa dynamique d'acquisition et de progrès.

Le *Speech Viewer* est utilisé pour travailler la boucle audiophonatoire et préciser la conscience phonologique de même que *Audiolog discrimination* et les logiciels *Inversions* et *Mécanismes* de Gerip.

Parallèlement, un travail plus ouvert est réalisé grâce à l'informatique et au traitement de texte. Walter crée et organise des fichiers de mots à partir de phonèmes cibles ou de caractéristiques de fréquences d'emploi. Au fil des séances, il élabore de nombreuses listes en puisant dans son stock lexical et en regroupant les items selon des indexations définies. Par cette tâche de récupération en mémoire, il crée ou renforce des réseaux lexicaux.

Lors de la transcription sur le clavier de l'ordinateur, on observe que le décalage entre la représentation mentale du mot et sa réalisation dans une succession de graphèmes contrôlés par une praxie simple (frappe de la touche appropriée) améliore la production et renforce les procédures de mémorisation.

Exemples

Sont évoqués puis correctement stockés :
– pour le /t/
terre, voiture, turbine, charrette, tête, terre, table, tableau, tabouret, stylo;
– pour le /b/
bateau, tombé, bélier, tableau, batterie, abri, biface, abîmer, bissectrice, habiller, berceuse, objet, bijoux, bibliothèque, bu, bible, beau, abuser, bolide, oublier, bilingue, habillement.

On s'efforce de renforcer ce travail de mémorisation auditivo-verbale par une sollicitation de la mémoire visuelle : avec un système de cache positionné sur l'écran, nous sollicitons des processus d'attention focalisée et de concentration qui renforcent la mise en mémoire.

Pour déclencher un passage de ces acquisitions informatiques au papier/crayon, on demande à Walter de fixer le mot sur l'écran et d'imaginer ensuite qu'il se déplace, quitte l'ordinateur, se pose au plafond puis sur la feuille de papier ou dans un dictionnaire…

De l'écran couleur à la page blanche

Ce voyage dans l'espace est encore plus sollicité pour les mots rares, irréguliers mais fondamentaux dans l'organisation syntaxique. Les listes établies ici par Walter lui révèlent les structures écrites des mots qu'il emploie couramment dans son expression orale :
quand, avec, parce que, sur, les, dans, chaque, que, puis, bien, même aussi, meilleur.

D'une séance à l'autre, il essaie de retrouver l'orthographe de ces mots et utilise son fichier personnel pour des processus de vérification par lecture flash. On lui demande également de les faire surgir sur la porte, la fenêtre ou la feuille blanche posée devant lui.
De nets progrès sont enregistrés, ainsi qu'en témoigne le texte ci-dessous relatant une visite à l'Assemblée nationale et réalisé après trois mois de ce mode de travail sur la mémoire visuelle et verbale.

Rapport écrit d'une visite à l'Assemblée nationale

Les députés proposent une loi du premier ministre à l'assemblée nationale ; ils en parlent, ils se demendent si c'est bient, d'autres perssonnes ne sont pas d'accord donc on demende que se soit arrangé pour la semaine prochaine.

> Sur le plan orthographique, il semble que l'informatique favorise la mémorisation d'un stock de mots, l'organisation de répertoires en fonction d'associations phonologiques, sémantiques ou grammaticales. Sur le plan psychologique, le fait de produire *in fine* un texte sans rature puisque la touche d'effacement permet d'oublier les erreurs bien mieux qu'une rature, valorise ses productions et le rassure quant à ses possibilités. L'écrivain en herbe s'en trouve encouragé et Walter compte précisément le nombre de pages correctes qu'il a indexées, attendant d'en avoir un nombre conséquent avant de les imprimer.

L'importance de l'outil informatique pour Walter comme aide à la structuration fut révélée par son angoisse de ne pas retrouver ses repères lors d'une panne de l'ordinateur. En effet, alors que Walter avait été absent deux semaines en raison d'un problème de santé, l'informatique avait quitté le bureau d'orthophonie pour une réparation. Walter, non prévenu de cet incident, se trouva tout désarçonné de l'absence de l'unité centrale et s'inquiéta du traitement effectué sur ses fichiers : « Qu'est-ce qu'on a fait de mes six pages ? » Le retour la semaine suivante du matériel et de ses données personnelles le remplit de satisfaction.

Perspectives

Actuellement, Walter a nettement amélioré ses possibilités et, même si la réalisation écrite demeure laborieuse, il a mémorisé de nombreuses formes écrites et pris de l'assurance.

Ces stimulations nouvelles l'encouragent fortement tout autant en lecture qu'en production. Conscient de ses capacités réelles, il se lance au bout de quelques mois dans la lecture de livres de plus en plus longs. *Le Mystère de la chambre jaune*[1] de G. Leroux n'a plus de mystère pour lui.

Avec le parcours de Walter, nous suivons l'importance des procédures de mise en place de la mémoire auditivo-verbale et visuelle dans le traitement et l'intégration du langage écrit si difficile pour les sujets dyslexiques.

L'histoire de Romain et d'une réconciliation

Ma première rencontre avec Romain est « virtuelle ». En effet, Romain est tellement terrorisé par ses échecs scolaires et rééducatifs répétés qu'il refuse catégoriquement de consulter une nouvelle orthophoniste. Et sa mère évoque le drame familial quotidien que représente la scolarité d'un enfant ne sachant « ni lire, ni écrire ».

ANAMNÈSE

Romain est l'aîné d'une fratrie de deux. Il a un frère de 8 ans scolarisé dans la même classe. On ne relève pas dans sa première année de vie de difficultés spécifiques. Le poids de naissance était de 3,4 kg. Romain a marché à 1 an et acquis la propreté diurne et nocturne à 2 ans. C'était un bébé souriant mais peu expressif sur le plan du babillage, alors qu'il était décrit comme très habile sur le plan moteur. Au cours de sa petite enfance, Romain ne présente aucun trouble du sommeil ou de l'alimentation. On relève quelques otites séreuses au cours de la troisième année de vie mais rapidement diagnostiquées et soignées.

SCOLARITÉ ET RÉÉDUCATION ANTÉRIEURES

Les inquiétudes parentales vis-à-vis du langage de Romain les ont conduit à solliciter un bilan orthophonique quand Romain avait 4 ans. Cette évaluation a indiqué qu'il s'agissait d'un trouble fonctionnel portant sur la parole et qu'il fallait laisser du temps à l'enfant pour s'approprier le code verbal.

1. G. Leroux, *Le Mystère de la chambre jaune*, Gallimard-Jeunesse, collection *Folio junior*, Paris, 1992.

Cependant, au fil des mois, l'entourage constate un très faible développement du langage avec des phrases pauvres et un vocabulaire réduit, ce qui était confirmé par l'enseignante de grande section de maternelle.

Au cours préparatoire (CP)

Quand il entre en CP, la famille sollicite une autre évaluation orthophonique qui met en évidence des troubles phonologiques, des difficultés de repérage temporel, des difficultés de discrimination auditive et de mémorisation.
Une prise en charge orthophonique est entreprise afin de développer le traitement auditif du langage, de préciser la production et de faciliter l'apprentissage de l'écrit. Deux séances hebdomadaires sont instaurées et la méthode phonétique et gestuelle est proposée pour aider l'enfant au niveau des discriminations perceptives, et faciliter la mémorisation des graphèmes et de leur valeur phonologique.
L'évaluation psychologique complète réalisée à cette époque révèle les bonnes compétences de Romain.

Au cours élémentaire (CE)

Ayant beaucoup travaillé pendant les vacances d'été, Romain passe en CE1 et poursuit la prise en charge orthophonique. La lecture est laborieuse avec un accès au sens difficile. Ses réalisations écrites révèlent des erreurs de segmentation et de maîtrise des règles de transcodage grapho-phonologique. Il a également des difficultés dans l'acquisition des nombres et des mécanismes opératoires, il bénéficie d'ailleurs d'un soutien en mathématique dans le cadre scolaire. Il se révèle très performant pour les poésies qu'il mémorise aisément.
Après un CE1 relativement difficile, il entre en CE2 et commence à « déprimer », refusant même d'aller à l'école. Toutes les prises en charge sont arrêtées à sa demande pendant le premier trimestre, puis une hypothèse « d'affection de type aphasique » est portée par un médecin neurologue orthophoniste consulté par la famille. Une rééducation de type Gelbert est entreprise sur le lieu scolaire. Après quelques progrès initiaux, notamment au niveau de la segmentation, Romain n'évolue pas et les rapports au thérapeute deviennent tendus. Une nouvelle fois tout est arrêté et c'est alors que je rencontre les parents de Romain pour étudier la situation et envisager des aides éventuelles.
Après l'élaboration d'hypothèses par rapport aux symptômes décrits et une information sur les différentes approches orthophoniques disponibles, on réussit à organiser une évaluation pendant la période d'entrée en cours moyen première année (CM1).

ÉVALUATION ORTHOPHONIQUE

Âgé de 10 ans, Romain se présente comme un jeune garçon très inquiet face à cette évaluation orthophonique. Actuellement, Romain vient d'entrer en CM1 comme son jeune frère, mais dans une classe différente.

Langage oral. — Le langage oral est fluide et informatif quand Romain évoque ses vacances d'été, des règles de jeux ou des événements. Le stock lexical apparaît également correct pour son groupe d'âge d'après les épreuves de désignation (EVIP), mais pour les définitions on relève que Romain procède essentiellement par associations syntagmatiques imprécises, avec parfois quelques éléments de dyssyntaxie et des formules d'échec. Les réseaux sémantiques ne semblent pas bien structurés. Il est cependant sensible à la polysémie des mots et à l'humour.

Langage écrit. — La lecture et l'écriture constituant l'essentiel des échecs de Romain, nous avons contourné l'obstacle en lui proposant des items du TLC. Il apprécie la brièveté des énoncés à déchiffrer et, prenant rapidement conscience du double sens des phrases, il se lance dans la lecture de ce qu'il appelle des « astuces ». Mais il déchiffre *l'architecte a fait deux trous dans le parc* alors que l'item-cible est « l'architecte a fait deux tours dans le parc ». On note une lecture syllabique très laborieuse avec des erreurs systématiques de segmentation pour les groupes consonantiques en /r/. Les autres erreurs concernent essentiellement les morphèmes grammaticaux et ne sont ni repérées, ni autocorrigées par Romain à partir des mots proximaux, ce qui montre qu'il utilise peu la voie lexicale et que la dyslexie est de type morphémique.

Exemples

Le test d'orthographe Bourdier révèle des difficultés :
– **dans l'application des règles de transcodages grapho-phonémiques, notamment pour les sons vocaliques en /ill/, /y/, /i + voyelle/** : /papion/ pour papillon, /cuère/ pour cuillère, /crègnon/ pour crayon, /méer/ pour meilleur, /pangné/ pour panier ;
– **dans l'organisation syllabique** : /sigaette/ pour cigarette, /parpui/ pour parapluie, /escaro/ pour escargot.

Par ailleurs, on observe également un déficit d'orthographe d'usage peut-être en rapport avec l'usage très restreint de la lecture, ou avec d'hypothétiques troubles mnésiques qui n'ont pu être explorés au cours de cette évaluation.

Au total, il apparaît que Romain présente une dyslexie dysorthographie importante, peut-être aggravée par des difficultés de régulation émotionnelle et attentionnelle.

Il semble indispensable de travailler la voie lexicale et l'abord morphologique du mot écrit. Des stratégies orthographiques doivent être développées. Le support de l'informatique pourrait faciliter ce travail. Il est utile par ailleurs de passer un contrat précis sur les objectifs à court et moyen terme directement avec Romain.

RÉÉDUCATION

À l'issue de ce bilan, Romain est tout à fait d'accord pour entreprendre une rééducation dont nous établissons précisément les objectifs et l'organisation des séances de façon contractuelle.

Objectifs

- Priorité à la lecture.
- Privilégier l'abord morphologique du mot.
- Obtenir une lecture silencieuse.
- Travailler la compréhension.
- Développer des stratégies de décisions lexicales.

L'informatique le motive et nous lui proposons des logiciels sollicitant un travail morphologique du mot écrit. On note alors une quasi-impossibilité pour Romain de déchiffrer les consignes, de respecter la cible et de contrôler la situation. Progressivement, on parvient à canaliser son attention et à travailler sur différents indices.

On relève qu'à partir des mots cibles, il pénètre dans son lexique interne par une sollicitation de sa mémoire verbale avec des associations d'expression quasi métaphoriques dont il ne maîtrise pas toujours l'accès sémantique.

Exemples

Unique – unique en son genre.
Chien – les chiens aboient la caravane passe.

La plupart du temps, Romain est bruyant, il émet des petits bruits glottiques ou frappe des rythmes avec les mains ou les pieds. On cherche donc à obtenir une stabilité motrice et un arrêt des bruits parasites afin de libérer un espace pour la mémoire auditive et un abandon de l'agitation posturale qui perturbe la concentration.

On travaille l'attention visuelle en abordant la morphologie et les modifications structurelles portant sur la fin des mots.

Exemples

Fort, forteresse, fortement.
Intervenir, interrupteur, interrompre, interminable.

Les abords morphologiques des groupes vocaliques ou consonantiques l'étonnent. Avec *La Belle lisse poire du prince des mots tordus* de PEF, il s'aperçoit de la valeur de l'organisation structurelle et phonologique des lettres. Progressivement on aborde les aspects sémantiques et structuraux, ce qui lui permet de corriger quelques productions erronées.

Exemples

Je jou est = je jouais.
On jouet = on jouait.

Un contact avec l'orthophoniste qui le suivait en CP m'informe qu'à cette époque Romain présentait d'importants troubles de mémorisation dans l'apprentissage de l'écrit. Il n'associait pas les sons et les lettres.
Nous travaillons donc la voie phonologique en reprenant les mots clés utilisés en CP et établissons des mémos visuels (tableau III).

Tableau III – Mémo visuel

P	papa	pain	parmi
B	beau	bocal	beaucoup
T	thibaut	toto	tout
D	dos	dormi	dame
K	kangourou	képi	kilo
C	carnivore	casserole	cassette
QU	quoi	quintal	quand
G	gâteau	goutte	garçon
S	seau	sot	sol
C	cinéma	cil	cigarette
F	fille	fil	facile
PH	phoque	photo	phrase
CH	chat	chameau	chapeau
J	jaune	jumeau	jument
G	girafe	gigot	girouette
V	veau	voleur	vélo
Z	zoo	Zorro	zéro

Le chemin à accomplir encore demeure important, mais Romain n'est plus déprimé ; conscient de son potentiel, il investit très favorablement la rééducation orthophonique et mémorise les stratégies proposées.

Perspectives

La prise en charge de ces deux enfants révèle l'importance du travail entrepris en rééducation sur les procédures de mémorisation auditivo-verbale.

Le recours à l'informatique dans ces rééducations a en outre largement favorisé l'attention visuelle et le développement de capacités de mémorisation d'un stock visuel de mots.

L'ensemble de ces procédures a induit un réinvestissement positif de la remédiation et « allégé » le poids psychologique des répercussions de la dyslexie tout autant pour Walter que pour Romain.

4

MÉMOIRE ET SURDITÉ

Répercussions de la surdité sur le développement du langage

La revue de la littérature révèle qu'il existe 0,4 à 1,5 enfant pour mille présentant des surdités sévères et profondes à la naissance ou d'apparition prélinguale. Ces surdités précoces sévères et profondes ont des répercussions sur le développement du langage, quelles que soient les modalités choisies par la famille pour développer la communication avec l'enfant sourd. Une pédagogie spécialisée est souvent nécessaire et en France, le ministère de l'Éducation nationale a recensé, en 1992, 11 466 enfants sourds scolarisés dont 3 217 en enseignement intégré et 8 249 en enseignement spécialisé.

DÉVELOPPEMENT NEUROLOGIQUE

L'activité sensorielle peut fortement influer sur le développement du cortex. L'étude des potentiels évoqués en imagerie par résonance magnétique a permis d'étudier l'impact de la surdité précoce et l'acquisition de la langue des signes sur le développement cérébral. Par l'étude des potentiels évoqués liés aux événements (ERPs) et l'imagerie fonctionnelle par résonance magnétique chez les sujets adultes et les enfants, entendants et sourds, H. Neville[1] montre que l'expérience joue un rôle de déclencheur dans l'activation et la spécialisation des fonctions neuronales lors de tâches d'attention visuelle ou de traitement du langage.

1. H. Neville, D. Bavelier, L'extension des aires visuelles chez les sourds. *La Recherche* n° 289, 1996, p. *90-93.*

Dans le domaine visuel

L'absence de compétition par des inputs auditifs a des effets très marqués sur l'organisation des systèmes de traitement de l'information sur le mouvement. Il existe un renforcement de l'attention périphérique visuelle chez les sourds de naissance. Lors de la présentation de stimuli sous forme de cercles concentriques en mouvement, on observe une activation des zones pariétales et de la région de la scissure. Il semble donc exister une *réorganisation corticale* avec une mobilisation des aires consacrées à l'audition.

La partie du système visuel spécialisée dans le traitement de l'information périphérique, spatiale et du mouvement, semble chez les sourds s'approprier des régions du cortex temporal consacré normalement à l'audition.

Ces modifications sont extrêmement spécifiques : ainsi, bien que les potentiels cérébraux évoqués par la présentation des couleurs soient semblables chez les sourds et les entendants, en revanche la réponse déclenchée par des mouvements est beaucoup plus importante au niveau des régions temporales du cerveau chez les sourds de naissance, alors que des individus devenus sourds après l'âge de 4 ans ne présentent pas ce renforcement. Il semble donc exister une phase critique pendant laquelle les connexions corticales redondantes sont « élaguées » par l'activation cérébrale, les liaisons actives sont conservées et celles qui ne reçoivent aucun influx sont éliminées. Et il semblerait que chez l'homme cette redondance particulière des liaisons n'existerait qu'avant l'âge de 4 ans. Les aires cérébrales spécialisées passent par une période sensible au cours de laquelle la mise en place d'une fonction génétiquement déterminée est influencée par les conditions de l'environnement.

Dans le traitement du langage

L'imagerie révèle également que les traitements sémantiques des mots de contenu et les traitements grammaticaux des mots-fonctions sont différenciés.

Chez les adultes entendants, les mots de contenu provoquent des potentiels évoqués dans les deux hémisphères. Toutefois, la réponse induite par des mots de fonction est localisée au-dessus des régions temporales antérieures de l'hémisphère gauche.

Chez les sujets sourds utilisant la langue des signes, une distribution similaire est observée pour les mots de contenu. Toutefois, la réponse provoquée par les mots de fonction n'est pas plus apparente dans l'hémisphère gauche chez les sourds mais symétrique, indiquant une participation plus grande de l'hémisphère droit dans le traitement des signes. Il semble donc que l'apprentissage précoce des signes entraîne une participation accrue des structures de l'hémisphère droit dans le traitement du langage.

Pour le traitement du langage écrit, on observe également des spécificités. La lecture de mots de contenu est, chez les sourds comme chez les entendants, localisée dans la région postérieure des deux hémisphères. En revanche, la réponse cérébrale à la lecture de mots de fonction (normalement supérieure à gauche chez les entendants) est diffuse et bilatérale chez de nombreux sourds.

Il est donc clair que l'expérience du sujet influe sur le développement des systèmes cérébraux. Chez les sourds, l'hémisphère droit joue un rôle accru dans le traitement de la langue des signes, et l'hémisphère gauche n'est pas autant spécialisé que chez les entendants dans le traitement grammatical de l'anglais écrit sauf chez les sourds « forts » en grammaire.

SPÉCIFICITÉ DU DÉVELOPPEMENT PHONOLOGIQUE ET DE L'ORGANISATION SYNTAXIQUE

La surdité a une incidence considérable sur l'apparition du langage dans la mesure où elle modifie la plupart des conditions de son acquisition et notamment le développement du code linguistique dans les aspects lexicaux et syntaxiques. Quelles que soient les modalités de communication, les observations des orthophonistes qui travaillent avec les enfants sourds s'accordent pour repérer que cette privation sensorielle entraîne une spécificité du développement phonologique et de l'organisation syntaxique.

Le développement prélinguistique

Il a été étudié par plusieurs auteurs et Vinter[1] a dégagé les caractéristiques des productions précoces des enfants sourds dans un environnement de langue française :

– apparition du premier mot plus tardive que chez les enfants entendants, en moyenne à 24 mois (étude sur 37 enfants);

– production de sons consonantiques stéréotypés et atypiques, conditionnés non par des facteurs acoustiques mais par la lecture labiale et par la perception kinesthésique;

– corrélation négative entre l'importance de la perte auditive et le développement des productions vocales au niveau des unités segmentales et suprasegmentales;

– corrélation entre l'adaptation prothétique associée à l'entraînement auditif et le développement des éléments segmentaux et suprasegmentaux;

– absence de corrélation entre la quantité de vocalisations produites par l'enfant sourd et le développement ultérieur du langage;

– rôle significatif de l'intervention précoce et de la coopération de l'entourage familial vis-à-vis des productions sonores.

Le développement lexical

Il présente également des particularités quantitatives et qualitatives. Chez les jeunes enfants sourds, jusqu'à la fin de la scolarité, on évoque fréquemment un « manque de

1. S. VINTER, *L'émergence du langage de l'enfant déficient auditif : des premiers sons aux premiers mots*, Masson, Paris, 1994.

vocabulaire » et les tests d'évaluation du stock lexical (*Peabody*, *Vocim*, TVAP) révèlent un décalage de plusieurs écarts types par rapport à l'âge chronologique. Cependant les épreuves de dénomination mettent en évidence une amélioration des performances. D'un décalage de trois ans à l'âge de 6-7 ans, l'écart diminue pour les tranches d'âge supérieures et est en moyenne de deux ans pour le groupe des 8-9 ans.

Résultats des tests. — L'organisation catégorielle du lexique est fondamentale dans le contrôle sémantique. Et les tests de recouvrement et d'associations nous révèlent que le contexte de présentation n'influence pas les performances. Les enfants sourds n'utilisent pas les aides sémantiques ou phonétiques proposées : soit le mot est connu et stable (c'est-à-dire retrouvé indépendamment du contexte), soit il n'est pas connu. Les enfants sourds semblent utiliser une voie d'accès directe allant du stimulus à la réponse sans stratégies d'approches.

Exemples de spécificités du développement lexical

Des différences qualitatives sont également repérées dans des épreuves de fluence sémantique où l'on demande à l'enfant de donner des mots se rapportant à une catégorie : par exemple : ce qui se mange. Les enfants entendants organisent leurs réponses en réseaux sémantiques, c'est-à-dire qu'ils utilisent des processus de catégorisation. Ils donnent par exemple en premier des noms de fruits, puis des noms de légumes, puis des noms de viande…

En revanche, les jeunes sourds donnent des réponses en fonction de leur vécu : « McDonald », glace, yaourt. La recherche lexicale semble basée sur des souvenirs visuels et contextuels avec des liens topographiques plus que linguistiques et associatifs. Dans les épreuves d'associations, ils donnent essentiellement des réponses syntagmatiques, c'est-à-dire que pour répondre ils mettent le mot inducteur en situation, ce qui limite les possibilités d'évocation. Par exemple le mot « chien » déclenche des réponses du type : *méchant*, *gentil*, *aboyer*, *niche*, *mordre*…

On ne repère pas de stratégie de généralisation qui permettrait de passer du niveau de base « chien » au niveau superordonné « animal » ou des précisions qui aboutiraient à l'évocation des différentes races : Teckel, Labrador… Ces réponses mettent en évidence la primauté de l'image visuelle et du vécu liés au contexte et au besoin de mise en situation. Cette adhérence au contexte dans les modes d'accès au lexique se retrouve dans le fait que les enfants sourds sont plus dans l'agi que dans le linguistique. Ainsi, pour différents éléments d'une même catégorie sémantique, ils donnent un seul terme générique relatif à l'action. Par exemple : pour les images du « balai », du « savon », de la « douche », ils donnent *lave* ; pour « chaise », « tabouret », ils produisent *assis*.

Ces spécificités concernant le développement lexical et son organisation révèlent la nécessité de mettre en place des plans rééducatifs de construction du lexique.

La technique du cahier de vie qui permet de travailler les référents des items lexicaux ne doit pas faire oublier que la principale difficulté se situe au niveau de la généralisation et de la structuration du lexique. Il apparaît indispensable de travailler très précocement les réseaux qui permettent aux mots d'exister au-delà du lien univoque entre le signifiant et le signifié. La priorité doit être donnée à la construction de réseaux lexicaux et aux stratégies d'activations de ces réseaux.

Une hypothèse concernant la réduction du stock lexical s'appuie sur l'absence d'effet de fréquence. L'enfant entendant acquiert le mot grâce à la diversité des situations dans lesquelles le mot est entendu et employé. C'est ce qu'on appelle l'effet de fréquence et les mots les plus rapidement acquis sont les plus fréquemment employés. À cause du déficit sensoriel et/ou du nombre restreint d'interlocuteurs pouvant proposer un échange verbal dans une modalité adaptée, l'enfant sourd n'a pas le bénéfice de l'effet de fréquence, ce qui ne permet pas un développement rapide et large de son stock lexical.

Le développement syntaxique

Quant à la syntaxe, elle a été étudiée sur le versant réception par Bishop en 1983. À partir d'une recherche auprès de 78 enfants sourds profonds préverbaux âgés de 8 à 12 ans (comparés à un groupe contrôle d'enfants entendants âgés de 4 à 8 ans), l'auteur a constaté des déficits très notables de la compréhension. Le niveau moyen de compréhension du vocabulaire était inférieur à celui des enfants âgés de 4 ans.
Pour la compréhension des oppositions syntaxiques (qui n'a pu être évaluée que lorsque le niveau syntaxique était suffisant), 3 seulement des 78 enfants atteignaient la moyenne des enfants contrôles de 4-5 ans et un la moyenne de 8 ans, or 43 enfants avaient bénéficié d'une éducation en Anglais signé. L'étude qualitative des erreurs de compréhension a permis de mettre en évidence pour le décodage des erreurs de stratégies qui ne sont jamais rencontrées chez les enfants entendants.

L'histoire de Nicolas, le « fou de foot »

Nous sommes à quelques jours de Noël et Nicolas a 14 mois lorsque je croise pour la première fois son regard interrogateur. C'est un adorable petit garçon brun au visage très mobile et au regard expressif. Il marche depuis deux mois et se dirige aisément vers les objets qui l'intéressent. Sa coordination oculo-manuelle est excellente. La surdité profonde, qu'il présente depuis sa venue au monde, vient d'être diagnostiquée après un rude parcours pour ses parents. En effet, ils soupçonnaient l'existence de ce problème depuis plusieurs mois mais avaient été faussement rassurés. Tandis que ses parents s'efforcent de comprendre la nature et les répercussions de cette surdité, Nicolas accepte aisément son appareillage et les premières séances d'orthophonie.

ÉDUCATION PRÉCOCE

Ses jouets préférés sont les instruments de musique ! Il adore frapper sur la grosse caisse et observe avec attention nos visages. Après avoir aisément distingué la différence entre la présence ou l'absence du son, il se révèle très sensible aux variations de rythme. Il produit parfois quelques sons vocaliques proches d'un /a/ de durée plus ou moins longue puis au bout de quelques mois, il découvre deux nouveaux timbres vocaliques /ou/ et /e/. Il commence ensuite à émettre des /a é/ /a é/ énergiques qui accompagnent ses déplacements.

Nicolas aime manipuler les animaux et s'amuse lorsque nous en produisons les cris. Cependant il imite assez peu ces onomatopées et communique essentiellement par la mimique et les désignations. Progressivement, des gestes codés sont ébauchés et utilisés.

Autour des séances d'orthophonie, la maman met en place des routines interactives avec des comptines qui font intervenir simultanément le corps, les gestes, des paroles et des mélodies. Lorsque le père participe aux séances, il interagit avec son petit garçon à travers des jeux de ballon ou des manipulations d'instruments sonores et des jouets comme les voitures ou les animaux. Ainsi, le cheval se déplace successivement au pas, au trot et au galop tandis que les voitures roulent puis se télescopent avec l'accompagnement sonore approprié ! Tous deux retrouvent les jeux de leur enfance et les utilisent de façon naturelle avec leur petit garçon. Ils sont très attentifs à leur enfant et à ses tentatives de communication. Ils ont pris l'habitude de solliciter l'attention de Nicolas avant de lui parler et de lui expliquer le déroulement des événements à venir.

Les réactions de Nicolas à ces divers échanges révèlent leur mémorisation. En effet, lorsque sa maman le prend sur ses genoux pour entamer la comptine de « bateaux ciseaux », Nicolas oriente son corps et révèle ainsi qu'il anticipe le « plouf » dans l'eau. Quand il s'agit des voitures, il regarde intensément son père produire le vrombissement du bolide attendant, avec un sourire de connivence, le « boum » de l'accident. Sa mère nous signale qu'il repère et exprime sa satisfaction quand elle prend la direction de l'hôpital où ont lieu les séances d'éducation précoce deux fois par semaine, les mêmes jours, à la même heure.

> Ainsi tout au long de ces premiers mois de prise en charge, les observations révèlent la mise en place de procédures de mémorisation où les situations, les émotions, les perceptions visuelles, auditives et kinesthésiques apportent des gerbes d'information que Nicolas perçoit, intègre, mémorise et utilise pour communiquer.

Des résultats positifs malgré l'absence de « cahier de vie ». — Au bout d'un an, alors que Nicolas manifeste une forte appétence au langage, il utilise essentiellement un babillage constitué de duplications de formes vocaliques ou de voyelles isolées avec des variations mélodiques. Au cours d'une séance du mois de décembre, il se lance cependant dans ce qui apparaît être son premier mot : /baon/ pour ballon, alors que ce dernier est en dehors de son champ visuel. Il continue à être très actif et participe à tous les domaines de la rééducation : éducation auditive et vibratoire, stimulation de la communication, développement de la fonction symbolique, travail cognitif d'appariements et de classements. Mais nous nous heurtons à une difficulté inattendue : l'impossibilité de mettre en place un « cahier de vie ». En effet, cet aspect du travail sur la fixation des événements de la vie (mais peut-être également leur fossilisation) ne convient pas aux parents. Contrairement à de nombreux enfants sourds, Nicolas n'a donc pas « son » livre-agenda, son cahier de vie. Et d'ailleurs il s'intéresse peu aux livres en règle générale.

Comment faire alors pour l'aider à structurer ses connaissances épisodiques et accéder au savoir sémantique ? Comment trouver le moyen d'échanger avec lui autour des événements qui le concernent réellement et ainsi l'aider à développer les structures verbales et à manipuler les concepts ? Comment faciliter et renforcer le développement du lexique ?

Il apparaît alors évident que le cadre des séances de rééducation, leur régularité, leur organisation interne au déroulement typique et leur contenu sont très bien mémorisés par Nicolas. En début de séance, il s'installe à une petite table et attend la boîte de jeu ou le matériel nouveau que nous proposons pour démarrer toujours dans une situation de découverte. On déclenche ainsi une appétence toujours renouvelée, une attente qui mobilise les processus attentionnels. Après cette entrée en matière, Nicolas sollicite un jeu qu'il connaît déjà en l'exprimant avec un « jargon » très mélodisé et en désignant l'emplacement de l'objet, le tout accompagné d'une mimique expressive et de formes gestuées.

Exemple

Avec les différents lotos sonores, nous observons tout autant le développement de sa mémoire auditive que de ses capacités de discriminations des sons. Dans le loto des situations sonores, sur la planche du square, il nous signale systématiquement que nous allons avoir droit aux pleurs du bébé. Et pour la planche de la rue, il indique qu'il attend les vrombissements de la moto.

Avec la manipulation de nombreux jeux et différents jouets éducatifs (*Lottino*, *Ballons multicolores*, *Quips*...), il acquiert les formes orales des couleurs mais celles-ci demeurent très déformées sur le plan de la réalisation phonologique : rouge = *o*, vert = *è*, bleu = *e*, jaune = *on*, orange = *o an*, marron = *maon*.

Il peut également évoquer des mots courants, des verbes d'usage et commence à réaliser quelques associations syntaxiques autour de ses principaux interlocuteurs : son père, sa mère et son jeune frère qui vient de naître. C'est également grâce à la question « où » qu'il peut évoquer ses premières ébauches syntaxiques. Cependant, il demeure très difficile de lui parler des événements de sa vie car il ne semble pas imaginer que nous puissions partager quelque chose en dehors de l'instant présent. Il est difficile, avec les moyens de communication dont il dispose à ce moment-là, d'être certain, sans aucun support iconique, que nous parlons de la même chose, de la même situation. L'absence de « cahier de vie » complique les choses mais ne semble pas retarder son développement pictural ainsi que le révèlent ses productions spontanées (fig. 13).

FIG. 13 — Les clowns de Nicolas.

SCOLARITÉ EN MATERNELLE

Étant donné son développement global, sa forte appétence et son dynamisme, une scolarisation est envisagée en intégration pour la première année de maternelle. Nicolas découvre alors un autre espace, un autre rythme et d'autres personnes. Il s'adapte à son nouveau cadre et apprécie notamment les moments de comptines où la participation mimogestuelle est importante. Par ailleurs, il se fait rapidement le complice des enfants les plus actifs et les plus turbulents qui ne semblent pas éprouver de problème de communication avec lui. La reprise des comptines scolaires en séance d'orthophonie révèle qu'il fait le lien entre les situations scolaires et rééducatives. Par ailleurs, il n'apparaît pas surpris lors de notre venue dans l'école. Cette première année scolaire a essentiellement pour but de favoriser la socialisation et d'observer ses stratégies d'intégration dans un groupe d'enfants. Les autres élèves ont des niveaux très hétérogènes de langage : certains s'expriment en phrases structurées, d'autres en sont à peine à produire leurs premiers mots. Nicolas noue des relations, se fait apprécier pour sa vivacité, son caractère joyeux et son aptitude à jouer au ballon.

Pour faciliter les choses, nous abordons en orthophonie les mêmes notions qu'en classe : les mêmes comptines, les mêmes thèmes de langage. Les feuilles qui tombent et l'arrivée de l'automne au cours du premier trimestre, le carnaval et les crêpes avec Mardi gras, les animaux avec l'organisation d'une visite de classe à Thoiry…

Cette première expérience ayant été positive, la poursuite de l'intégration est décidée pour la moyenne section de maternelle.

BILAN ORTHOPHONIQUE

Nicolas est un jeune garçon âgé de 4 ans scolarisé en moyenne section de maternelle en intégration complète. Il présente une surdité profonde du second groupe mais il tire un grand bénéfice de son appareillage qu'il porte constamment depuis l'âge de 14 mois.

La communication s'établit avec Nicolas sur un mode oral, parfois un recours à la mimogestualité est employé mais la famille est réticente à l'emploi de signes et même du Langage parlé complété (LPC). Nicolas est compétent dans la plupart des interactions habituelles, il arrive assez aisément à se faire comprendre et à saisir les messages qu'on lui adresse.

En audition, il repère et identifie les mots bisyllabiques faisant partie de son vocabulaire courant : maman, papa, Nicolas, chapeau, école… Ces performances sont réalisées à voix moyenne et à une distance inférieure à un mètre. Il est capable également de répéter des phrases courtes de trois éléments : sujet, verbe, objet et affectionne ce type d'exercice. À la maison et en séance d'orthophonie, il réagit toujours quand on l'appelle, mais en classe il est gêné par le bruit de fond des 26 élèves.

Ses acquisitions langagières sont tout à fait encourageantes, surtout depuis les six derniers mois. En effet, sur le plan phonologique Nicolas possède la plupart des phonèmes de la langue orale : /p/, /b/, /m/, /t/, /d/, /n/, /s/, /f/, /ch/, /k/, et /g/. Le /r/ n'est pas encore acquis et les constrictives sonores ne sont pas toujours maîtrisées. Sa voix est de belle qualité et on ne relève pas d'anomalie du débit. Pour favoriser la mise en place des repérages phonétiques et conserver l'intonation et la voix, nous avons eu recours à la méthode Borel-Maisonny et à la verbo-tonale.

Le lexique se développe, il est maintenant chiffrable par des tests standards. Ainsi au test du *Vocim*, Nicolas obtient une note standard qui le situe au niveau d'un enfant de 3 ans. Et il produit au test «Chevrie-Muller» les items connus d'un enfant de 4 ans avec de nombreuses déformations phonétiques et phonologiques.

La compréhension des énoncés en situation orale le situe d'après le test de Khomsi dans le groupe des enfants de 3 ans, ce qui est tout à fait intéressant et témoigne de l'efficacité des options choisies pour l'acquisition du langage et le début de scolarité. Au niveau expressif, ses énoncés produits sont généralement de deux éléments (sujet + verbe) sans inversion.

Sur le plan cognitif, il faut souligner les capacités de Nicolas à classer, apparier, mémoriser et anticiper ainsi que sa stabilité et son appétence au langage et aux efforts de tous ordres.

> En conclusion, il apparaît que, malgré l'importance de sa surdité, Nicolas s'oriente vers une acquisition de la langue orale. Son développement personnel est par ailleurs très harmonieux ainsi que le témoignent ses dessins et son désir toujours renouvelé d'apprendre.
>
> Depuis la naissance du petit frère, la maman est de nouveau très présente et assidue dans la prise en charge de Nicolas. L'environnement scolaire de Nicolas

est d'excellente qualité et le projet d'intégration peut se poursuivre pour toute la maternelle. Il serait intéressant d'introduire un instituteur de soutien pour aider Nicolas dans ses apprentissages académiques et surtout dans la compréhension des consignes. Un apprentissage précoce de la lecture a été entamé et Nicolas s'y intéresse beaucoup.

Un nouvel axe est donc choisi avec une entrée précoce dans l'écrit afin de proposer un apport visuel supplémentaire et si possible de faciliter les mémorisations lexicales.

DÉVELOPPEMENT LINGUISTIQUE

Évolution personnelle

Langage écrit. — C'est avec bonheur que Nicolas répond à la méthode G. Doman et se lance dans la manipulation des étiquettes rouges qu'il associe aux personnes de sa famille. Nous procédons à un travail de lecture sur les prénoms de ses amis avec un codage identique à celui de la classe afin de généraliser les stratégies de prise d'indices. Ses capacités de mémorisation sont excellentes et il commence à utiliser ses productions écrites pour étayer ses évocations.

Langage oral. — Son langage reste peu développé en termes de stock lexical mais les structures syntaxiques s'enrichissent avec l'acquisition des pronoms et notamment l'apparition du « je ». De plus, il manipule les formes négatives et l'on note dans ses productions de nombreux éléments morphosyntaxiques : « c'est pour », « avec », « je connais pas »... La longueur moyenne de ses phrases est de trois éléments par lesquels Nicolas est capable d'exprimer la présence, l'absence, la comparaison et des éléments de quantification et de qualification.

Travail en groupe

Au cours de la grande section de maternelle, nous mettons en place un groupe de langage avec deux autres enfants déficients auditifs du même âge. Ainsi Nicolas se trouve dans une situation d'échanges plus complexes. Il doit en effet décoder des messages qui ne lui sont pas adressés spécifiquement, prendre son tour de parole et échanger avec d'autres enfants sourds. Ce travail lui permet d'accéder à la notion de demande de prise de parole, de transmission d'informations inconnues des autres, de décodage de messages multimodaux. Il commence alors à être désireux de parler d'événements hors contexte et prend conscience des limites de son intelligibilité orale. Lorsqu'il voit les cahiers de vie des autres enfants, il évoque par analogie des événements qui le concernent et qui ont un rapport avec ce que les autres évoquent : classe, visites de musée, vacances, films...

La sorcière et moi

Nous poursuivons en groupe le travail de lecture avec *La sorcière et moi*. Les divers épisodes de ce récit sont fort bien déchiffrés et mémorisés par Nicolas. Les deux autres enfants s'appuient essentiellement sur leur mémoire verbale et leur connaissance des schémas narratifs car ils n'ont pas eu d'apprentissage précoce de l'écrit. Ils se souviennent plus des événements que des mots du texte alors que Nicolas reprend complètement les énoncés et commence à s'approprier un stock visuel de mots. Grâce à cette approche, Nicolas utilise l'écrit pour développer ses connaissances linguistiques. Il apprécie le travail de prélecture à travers l'histoire de la sorcière (fig. 14).

VW84 fabrique des bonbons de toutes les couleurs. Mais moi, j'ai vu des choses avec de jolies couleurs. Mais je ne dis pas toujours la vérité. Si ce n'est pas vrai, tu écriras : menteur.

J'ai vu un éléphant bleu avec des oreilles jaunes. → menteur.
J'ai vu une souris toute grise. → vrai.
J'ai vu des tulipes rouges et jaunes. → vrai.
J'ai vu un corbeau tout jaune. → menteur.
J'ai vu VW84 tout marron. → menteur.
J'ai vu un arc-en-ciel de toutes les couleurs. → vrai.

FIG. 14 – À propos de l'histoire de la sorcière.

SCOLARITÉ EN PRIMAIRE

En CP

C'est alors que Nicolas entre en CP où il retrouve *Ratus*[1] et bien qu'il sache déjà lire en termes de capacité à déchiffrer, il tire un grand bénéfice de cette méthode pour la maîtrise des questions. Grâce à Belo, Mina, Marou (fig. 15) et Ratus, il manipule de façon structurée, répétitive et donc mémorisée les questions simples : Qui ? Que fait ? Où ? Quand ? Avec qui ? Pourquoi ? Il est aidé en classe par un enseignant de soutien qui travaille essentiellement sur le plan de la compréhension des consignes. L'évolution ayant été positive et Nicolas ayant rempli les objectifs du projet d'intégration, qui consistait en l'acquisition de la lecture au cours du CP, il est admis en CE1.

1. Collection *Ratus* de J.J. GUION, édité par Hatier, Paris.

FIG. 15 — Marou.

En CE1

Des difficultés apparaissent alors dans les dictées et les problèmes. En effet, en CE1, il ne s'agit pas toujours de transcrire des mots déjà appris mais de découvrir et manipuler les règles de transcodages grapho-phonologique. L'orthographe d'usage ne pose en général pas de problème à Nicolas, car il s'appuie sur sa mémoire visuelle pour développer son stock orthographique, qui est supérieur à celui des enfants de son âge. Mais dans les dictées, qui nécessitent une connaissance des règles de transformation, Nicolas est en difficulté car il doit gérer des informations visuelles et auditives qui sont encore ambiguës. En effet, la lecture labiale ne lui apporte que peu d'éléments fiables et ses capacités auditives sont trop faibles pour qu'il puisse décoder avec ce moyen.

C'est alors qu'on observe une jubilation motrice et peut-être kinesthésique à émettre des mots plurisyllabiques. L'institutrice repère qu'en situation scolaire, il a grand plaisir à évoquer la « bibliothèque », les livres de « bibliothèque », le moment où l'on peut accéder à la « bibliothèque »... Il s'appuie sur des sensations somesthésiques et kinesthésiques pour mémoriser des mots et des successions de syllabes. Parallèlement, on note à cette époque de son évolution une sorte de graphomanie. Dès qu'il a du temps libre, Nicolas se saisit de feuilles, cahiers ou blocs pour copier des mots, des phrases qu'il repère dans des journaux, des livres ou sur des affiches. Il s'intéresse également beaucoup aux encyclopédies papier et c'est avec le dictionnaire *Vu*[1] qu'il accède aux catégorisations. Lorsqu'il doit récupérer un mot qu'il connaît mais qu'il ne parvient pas

1. Dictionnaire Visuel *Vu*, Gallimard-Jeunesse, Paris, 1995.

à exprimer, il demande dans quel livre on l'a déjà rencontré. En s'appuyant sur une mémoire de type topographique, il arrive alors à recouvrer l'unité qu'il recherchait.

En CE2

Tout au long du CE2, nous mettons en place un répertoire personnel sous forme de fiches tournantes indexées à partir d'une lettre et classées dans l'ordre alphabétique. Dès qu'un mot nouveau inconnu ou difficile est rencontré, il est inscrit sur la fiche. Ainsi, Nicolas structure son lexique à partir d'indices phonologiques et labiaux et crée des réseaux facilitant la recherche en mémoire. Au cours de cette classe de CE2, Nicolas acquiert peut-être moins d'unités verbales puisque son stock lexical évalué au *Vocim* s'enrichit lentement, mais il développe les réseaux phonologiques et sémantiques entre les unités qu'il connaît, et facilite ainsi les accès à son lexique interne.

Exemples

/p/
papa, paire, pilote, pyjama, porte, pastille.
/prendre/
je prends, nous prenons, tu prends, vous prenez, il prend, ils prennent.
/n/
nez, non, niche.
/f/
fanatique, forêt, faire.

PROJET ORTHOPHONIQUE DE NICOLAS

Tandis qu'il est âgé de 9 ans et se trouve scolarisé en CM1, le projet orthophonique se précise selon deux axes.

Au niveau de l'écrit

Au retour des vacances d'été, Nicolas s'est révélé très intéressé par la production d'écrits. Ceci constituera donc un axe de travail important cette année. Prenant en compte ses écrits spontanés souvent informatifs, variés et relativement longs, on s'attachera à les préciser, notamment au niveau des mots-fonctions : les localisateurs et les différents mots de liaisons. L'expression du temps et de ses diverses représentations dans les flexions verbales constituera une priorité. En effet, Nicolas est actuellement capable de situer les successions de diverses actions le concernant ou non. Mais la simultanéité lui pose des problèmes. Il faudra également bien veiller à éviter la reprise du sujet : *la fille elle*, *le garçon il*.

Les tests orthophoniques mettent en évidence l'excellente orthographe d'usage de Nicolas, mais on relève des difficultés à maîtriser les règles du transcodage des phonèmes en graphèmes. En raison de ses problèmes auditifs, Nicolas s'appuie essentiellement sur sa mémoire visuelle d'un grand thesaurus de mots et sur ses connaissances grammaticales lorsqu'il s'agit d'effectuer une transcription. On travaillera sur des logatomes afin de développer une connaissance et une maîtrise des règles de transcodage en dehors de la suppléance mentale.

Au niveau de l'oral

Le langage oral continue à se développer en unités lexicales, enrichissement syntaxique et intelligibilité orale. Mais il reste encore des progrès à attendre, notamment au niveau des précisions phonétiques. Un travail sur l'ensemble des repères acoustiques a débuté en septembre et Nicolas adhère à ce projet, d'autant plus que le réappareillage réalisé le mois dernier a nettement amélioré ses performances auditives. Nous allons donc tenter de l'aider à élargir et structurer sa mémoire auditive verbale. Il est particulièrement sensible aux mélodies.

> Le projet orthophonique portera donc sur le langage oral et écrit. L'histoire de Nicolas illustre les relations entre les diverses modalités perceptives et le développement de la mémoire et du langage tout autant oral qu'écrit.

Ce que pense Nicolas

Pour aborder la métamémoire, nous lui avons posé le questionnaire suivant.
– La mémoire, qu'est-ce que c'est ?
– *Ça veut dire il faut réfléchir.*
– Comment ça marche ?
– *Je ne sais pas… on trouve… les gens tu rappelles toi…*
– Est-ce que tu as de la mémoire ?
– *Moi ? OUI* (très convaincu)
– À quoi ça sert ?
– *C'est pour travailler, pour réfléchir, pour apprendre la lecture.*

L'histoire de Stéphane, l'enfant qui s'éloignait

L'histoire de Stéphane est bien différente. Contrairement à celui de Nicolas, son parcours a été traversé d'aléas divers et de nombreuses tentatives qui ont débouché sur le recours à un implant cochléaire. Son cheminement s'apparente plus à une traversée de piste chaotique dans un univers chargé de mystère qu'à une ascension progressive dans la tour de Babel du langage, où les étayages réciproques de la mémoire et du langage permettent à chacun de construire son système verbal.

ANAMNÈSE

La surdité est diagnostiquée quand Stéphane franchit le cap de sa première année. En effet, face à cet enfant un peu trop calme, les parents ont des doutes sur son audition. Leur inquiétude atteint son apogée lorsque le père note à plusieurs reprises l'absence de réaction de son fils quand il l'appelle en rentrant dans sa chambre.
Ils trouvent rapidement les spécialistes qui confirment leurs soupçons. Les examens audiométriques et les potentiels évoqués auditifs précisent l'existence d'une surdité profonde.
Les réactions des parents sont alors positives, ouvertes et tournées vers l'avenir : « On s'en est rendu compte assez tôt pour faire ce qu'il faut. » Leur souci est de proposer à Stéphane des approches adaptées à ses besoins spécifiques. Ils posent de nombreuses questions sur l'avenir et les modalités de communication : les signes, l'oral, la scolarité, les métiers possibles quand on est sourd… Ils précisent que même s'ils doivent recourir à la langue des signes, il leur paraît important que leur enfant sourd apprenne aussi à parler.

ÉDUCATION PRÉCOCE

Dans ce tableau d'apparence assez claire et plutôt ouvert vers l'avenir, l'éducation précoce démarre rapidement dans un cadre hospitalier avec un pronostic favorable.

Bilan psychologique

Le bilan psychologique initial confirme, avec la passation du test de Denver, l'existence d'un développement psychomoteur en rapport avec l'âge en dehors du domaine du langage. La permanence de l'objet est en voie d'élaboration. La relation à autrui est bonne, il n'a pas de phobie et réagit normalement à la frustration. Les conduites alimentaires et le sommeil ne posent pas de problèmes. Les parents sont bien mobilisés et expriment volontiers toutes leurs questions par rapport au choix des modalités de communication.

Bilan orthophonique initial

Au cours de l'observation orthophonique initiale, on note l'existence d'un babillage qui souligne les faits réalisés par Stéphane, ses déplacements ou ses intentions. Ses productions vocaliques sont apparentées à un /a/ et à un /e/ qu'il module en intensité et intonations notamment montantes. On relève un début de segmentation avec quelques formes consonantiques /m/ et /r/.

La prise en charge psychomotrice. — Stéphane accepte facilement ses prothèses pour son premier anniversaire. Pendant 3 mois, la prise en charge orthophonique individuelle est associée à des séances de psychomotricité. En effet, Stéphane n'a pas acquis la marche et il présente des troubles de l'équilibre (qui ont d'ailleurs existé pendant plusieurs années). Par ailleurs, ses gestes sont peu contrôlés et s'apparentent plus à des décharges motrices. L'objectif de la prise en charge psychomotrice est l'acquisition de la marche qui se réalise lorsque Stéphane est âgé de 15 mois. Le travail sur la motricité s'effectue ensuite d'une façon plus « familiale », les parents mettant à profit les conseils de la psychomotricienne dans le quotidien pour aider Stéphane à développer sa motricité fine.

La prise en charge éducative. — Stéphane est ensuite intégré dans un groupe de langage d'enfants sourds une fois par semaine, l'autre séance orthophonique ayant toujours lieu en individuel. Sa prise en charge éducative et l'accompagnement familial sont très réguliers. Ses parents et même ses grands-parents se révèlent particulièrement assidus et présents dans ce « travail » orthophonique. Stimulations qu'ils poursuivent d'ailleurs à la maison avec l'aide d'un classeur de photos puis d'un cahier où figurent la plupart des notions abordées en séances et enrichies en contexte de vie quotidienne.

Résultats

La première année

Pendant cette première année de prise en charge, sa communication est essentiellement visuelle (échanges de regards) et mimique. Stéphane est très attentif et observateur mais il initie peu les échanges, se contentant essentiellement de répondre aux diverses stimulations. Il est la plupart du temps souriant et imite fréquemment les expressions du visage des adultes qui s'occupent de lui. Il recherche également la présence de sa sœur et interagit avec elle. Il communique peu avec les autres enfants sourds du groupe. Il apparaît très performant dans les différents puzzles et jeux d'encastrements.

Les parents trouvent l'évolution très lente mais ils gardent confiance dans l'avenir. Ils s'inquiètent cependant du peu de réactions auditives et évoquent la question de l'implant cochléaire. Stéphane porte toujours très régulièrement ses prothèses mais semble en tirer peu de bénéfice. Il ne réagit pas à l'appel de son prénom et n'a pas de vigilance aux sons de l'environnement alors qu'il apprécie l'éducation musicale et la manipulation des instruments sonores. Stéphane ne pose aucun problème pour accepter ses prothèses le matin et il les conserve toute la journée, mais les parents n'observent aucune différence comportementale ou verbale avec et sans appareil. Avec les instruments, les réactions d'alerte ne sont pas évidentes et son jasis ne s'est que très peu enrichi. Il produit toujours les mêmes formes vocaliques (/a/, /e/) mais avec un timbre caractéristique d'une surdité très importante. Ses productions sonores sont rares, brèves et peu modulées.

À la fin de la première année, on relève cependant l'existence de syllabes dupliquées émises avec un joli timbre de voix.

La deuxième année

Ce type de prise en charge se poursuit l'année suivante et Stéphane se révèle toujours très observateur. Au cours de la seconde année de travail, l'évolution est très lente. Stéphane manifeste un grand intérêt aux livres et aux jeux solitaires mais il recherche peu le contact. On note qu'il progresse très lentement dans la communication alors que sa motivation aux séances d'orthophonie est réelle. Par ailleurs, il présente un bon développement cognitif et de grandes capacités attentionnelles.

En prolongement de sa communication mimique, Stéphane crée parfois des gestes qui ont valeur de signes mais il les reprend très peu. C'est alors que les parents s'orientent vers le Langage parlé complété (LPC). L'introduction de cette aide visuelle stimule Stéphane, qui au début utilise les clés comme des signes puis comme entrée dans la lecture labiale.

On note que Stéphane regarde plus les lèvres de ses interlocuteurs lorsqu'on utilise le code, et il semble avoir opéré quelques repérages : *papa, maman, poupi*... Ses productions sonores se sont également enrichies et il émet actuellement des syllabes dupliquées avec un joli timbre de voix, mais ses productions ne semblent pas avoir de valeur de communication. Tout comme les signes, il s'agit d'ébauches non reprises. Il mémorise bien tous les éléments de son cahier de vie et apparaît performant dans les puzzles et les exercices de mémorisation.

ÉVALUATION ORTHOPHONIQUE

Le bilan de la fin de la seconde année de prise en charge orthophonique soulève de nombreuses questions.

Stéphane est un enfant souriant, de contact facile mais encore assez peu investi dans le code linguistique. Il prend parfois l'initiative de la communication mais ne la maintient pas longuement. Quand on tente d'interagir avec lui, on doit le solliciter longuement et toujours d'une façon visuelle, vibratoire ou corporelle car Stéphane ne semble pas avoir de vigilance auditive. Alors qu'on observe chez lui des changements d'attitude à certains sons, nous n'avons pas noté, en séance, de réponse à la voix même très intense. L'appel de son prénom, les onomatopées ne sont pas perçus. Cependant Stéphane réagit à la grosse caisse et, à la maison, à la chaîne hi-fi quand le son est fort.

L'absence d'utilisation du versant auditif vis-à-vis de la parole se confirme et la question de l'implant demeure posée.

Stéphane comprend en lecture labiale avec et sans LPC, mais il produit peu de formes sonores volontaires, même s'il accompagne ses manipulations et observations d'un babillage intonné. Pour enrichir les productions sonores, la verbo-tonale et le graphisme phonétique ont été présentés.

Le travail orthophonique de l'année a porté sur l'acquisition d'un lexique de base : personnes, objets, animaux, vêtements, véhicules, quelques adjectifs de couleur, taille et quantité ainsi que des verbes d'action et des questions : où, à qui, qu'est-ce que c'est, que fait... Ces notions ont été abordées en séances puis mémorisées par leur illustration dans le cahier de vie et les reprises pragmatiques dans le quotidien. Pour les concepts plus abstraits, les signes ont été introduits mais Stéphane les reprend assez peu.

Il est à souligner que même si les productions semblent évoluer très lentement, sa compréhension et son intérêt pour le monde symbolique sont très vifs et s'accroissent chaque jour. Stéphane est particulièrement intéressé par les histoires et nous pouvons en vérifier chez lui une certaine intégration et mémorisation par les anticipations qu'il exprime quand on lui présente une seconde fois le livre. Nous avons travaillé : *Boucle d'Or*, *Les trois biquets*, *Les animaux qui cherchaient l'été*, *La vache Amélie*, *Les trois petits cochons*, *Rosa ma tortue*.

> Même si de nombreuses interrogations demeurent, il faut souligner l'épanouissement de Stéphane, son cadrage en séance et ses capacités de mémorisation. Par ailleurs, Stéphane poursuit son développement moteur, corporel, cognitif et affectif avec une bonne dynamique d'évolution.

Conséquences du début de scolarisation

C'est alors que la famille déménage. Stéphane quitte Paris, et c'est une nouvelle équipe qui l'accueille en province pour poursuivre la prise en charge et organiser le début de scolarité. Cette première expérience est très difficile. Stéphane, qui n'est jamais allé en halte-garderie ni en crèche, supporte mal la vie en grand groupe. L'équipe du Centre d'action médicosociale précoce (CAMSP) le voit s'éloigner de plus en plus, passer son temps à se cacher dans des boîtes en carton, sous des tables…

Le projet de scolarité a du mal à se concrétiser. Les parents évoquent à nouveau l'implant cochléaire. Lorsqu'il est revu au bout de trois mois, l'observation est difficile. Compte tenu de l'agitation de l'enfant, aucun test standard ne peut être proposé. En dehors des moments d'interaction autour des histoires en images, Stéphane passe son temps à manipuler une baguette magique ou à observer les poissons rouges et ne communique avec les adultes que lorsqu'une « catastrophe » survient (chute de l'aquarium).

Stéphane apparaît dans cette observation de plus en plus fuyant. Il est brièvement dans la relation et de façon très intermittente, sans qu'on puisse distinguer s'il s'agit de repli ou de manque de moyens de communication. Dans la situation orthophonique qu'il connaît bien, il est cependant souriant et coopérant face aux histoires en images. Malgré l'intensité et la régularité de la prise en charge depuis le diagnostic, l'importance du travail effectué, le début de scolarité, le recours aux aides visuelles LPC et aux signes, l'évolution vers une communication codée n'est toujours pas évidente.

La psychologue insiste alors sur la nécessité de faire quelque chose pour cet enfant *border-line* et qui s'éloigne de plus en plus. Elle pense que l'implant cochléaire pourrait recréer du lien entre Stéphane et la réalité qui l'environne par le biais de l'expérience auditive partagée.

Les parents sont tous les deux très demandeurs d'une implantation cochléaire pour plusieurs raisons :
« – Il n'y a aucune différence avec et sans appareil.
– Stéphane s'enferme de plus en plus dans son monde.
– On essaie à chaque fois quelque chose (appareillage, éducation précoce, LPC, langue des signes) on attend le déclic et on est déçu car rien ne marche, il ne dit même plus ce qu'il disait il y a un an. »
La demande d'implantation existe en fait depuis deux ans et ils se sont informés.
La synthèse réalisée entre les divers intervenants à la suite de ces évaluations montre qu'il semble souhaitable, compte tenu des nécessités neurophysiologiques et psychologiques, d'effectuer l'intervention sans tarder si toutes les investigations médicales (radiologiques, électrophysiologiques…) confirment l'existence d'une indication d'implantation multi-électrodes.

RECOURS À L'IMPLANTATION COCHLÉAIRE

Stéphane a 3 ans et 3 mois lorsqu'il est implanté. La période d'hospitalisation est très difficile compte tenu du peu de communication avec l'enfant. Cependant, l'activation des électrodes et les réglages se réalisent plus facilement que prévu car Stéphane manifeste des réponses précises.
Au bout de huit mois, on note que Stéphane porte régulièrement son implant cochléaire et est capable à nouveau d'interagir avec l'adulte. Il initie le contact par le regard et tente de le maintenir par une production orale et un geste de désignation.
En situation individuelle, Stéphane est coopérant. Ses productions sont quasi incessantes; devant les images, il produit un phonème aigu /i/ de façon répétitive ou prolongée, on relève également des /e/ itératifs et quelques phonèmes consonantiques /g/ et /m/ mais sans association consonne + voyelle.

Ses réactions aux sons ne sont pas évidentes car elles ne sont pas reproductibles. Cependant on note de façon nette qu'il réagit à une interdiction émise à voix forte par son père et qu'il s'arrête d'agir lorsqu'on émet le phonème /ch/. Il a tendance à mettre et enlever l'antenne quand il entend. Ce comportement est d'ailleurs noté avec une grande régularité par les parents. Il semble choisir d'être « branché » ou pas, en lien ou non avec l'environnement.

Révision du projet scolaire et rééducatif au vu des résultats

Les parents et tous les intervenants soulignent la modification du comportement de Stéphane depuis l'implantation. Alors qu'à la fin de l'année, Stéphane s'éloignait de plus en plus de son entourage familial et scolaire, il montre à nouveau des capacités d'échange. Les parents sont rassurés de voir leur petit garçon réagir mais ils sont impatients d'obtenir des réactions plus probantes.
Le projet scolaire et rééducatif pour l'année consiste en une scolarisation de deux demi-journées avec bilinguisme oral/gestuel dans une maternelle, et une prise en charge orthophonique à l'école également deux fois par semaine.
De plus, un travail de psychothérapie doit être entrepris.

À la fin de l'année. — Quelques problèmes de pannes entraînent chez Stéphane un refus de garder le contact de l'antenne. Il passe beaucoup de temps à enlever l'antenne, cependant il accepte que l'on repositionne correctement le tout. Sa main est en permanence du côté droit et il semble qu'il retire l'antenne à chaque arrivée du son. Il s'arrange toujours pour libérer sa main droite si on tente de le distraire par une activité ou alors il l'enlève de la main gauche, cependant il ne semble pas s'agir d'une inquiétude face au son puisqu'il n'a qu'une seule réaction de crainte face aux cymbales et il veut à nouveau les entendre sa première surprise passée. Les parents signalent qu'il remet toujours l'antenne quand il veut suivre ses vidéos préférées, mais veut le faire seul et à sa guise.

Huit mois après. — Aucun test standard ne peut être proposé étant donné le comportement de Stéphane en situation orthophonique, mais on observe qu'il recherche le contact avec l'adulte, sourit et produit quelques routines interactives sociales : bonjour, au revoir et bravo. Il comprend des ordres simples : attends, donne, viens, prends… mais il n'intègre pas les cibles à deux items. Le micro et le programme du *Speech Viewer* déclenchent de très jolies productions sonores vocaliques sur les timbres du /i/ et du /e/ avec émission de sons brefs, longs et alternés. Sa voix demeure très belle mais, ce jour, il n'y a pas eu de consonnes. Ses réactions aux objets sonores sont nettes, reproductibles et visibles. Cette vigilance sonore déclenche un certain plaisir chez Stéphane qui sourit volontiers dans cette situation. Il réagit aux cymbales, au *wood block*, à la flûte et aux cloches, jusqu'à la plus petite qui déclenche chez lui une association avec la sonnette de la porte. Stéphane réussit à faire très rapidement un loto d'appariement d'objets, avec de plus une tâche de numération jusqu'à 5. Et il attend très nettement des compliments quand il a fini l'exercice.

Depuis un an. — Il n'a bénéficié que d'une scolarité réduite puisqu'il n'est accepté que deux demi-journées à l'école maternelle dans un groupe d'enfants sourds où la communication est proposée dans les deux modalités. Mais, à ce jour, la communication en signes n'est pas plus développée qu'en oral. L'orthophonie a lieu également à l'école. Un travail de psychothérapie a été démarré. Ses parents sont assez découragés par le peu d'évolution de leur petit garçon et ils sont demandeurs d'une structure qui prenne Stéphane à plein temps. Malgré cette impression de découragement qui émane des parents, Stéphane continue à se rapprocher de l'entourage, à retrouver le contact qu'il avait précédemment perdu. Il semble que les informations auditives, qui lui parviennent grâce à l'implant et qui apparaissent dans toutes les situations, continuent à l'aider. L'importance des troubles de comportement et le découragement des parents nécessitent une aide et un soutien dans leur recherche d'établissement de prise en charge à temps plein. C'est alors que la famille déménage une nouvelle fois. Les parents s'interrogent sur le type d'établissement qui pourrait prendre en charge leur petit garçon.

Résultats au bout d'une année (à 4 ans)

Au cours d'un bilan, un an après l'implantation cochléaire, Stéphane est bien présent dans la communication. Il porte son appareil constamment et se contente d'écarter l'antenne et de la remettre dans les premières secondes où il entend la voix. Lorsque l'antenne tombe, il ne la remet pas tout seul mais accepte qu'on le fasse ou il le fait lui-même sur ordre de l'adulte.

Langage écrit

L'amélioration du comportement est très nette et permet la passation de test standard. L'épreuve de dénomination d'images permet de recueillir : 80 % de signes, 12 % de mimes, 8 % d'appariements. Le début de l'épreuve est marqué par un accompagnement vocal non contrôlé pendant les dix premiers items. Stéphane produit alors des voyelles aiguës /i/ et /é/ qu'il répète généralement /i i i/ ou /é é/. Cependant, on obtient des ébauches de répétition à partir du quatorzième item, et l'on note que ces « répétitions » se réalisent en audition sans lecture labiale. Parapluie donne /a a i/, clé donne /eug/, nez donne /ou/, miroir /a a/.
La labilité attentionnelle de Stéphane ne permet pas la passation des autres épreuves verbales. Mais il manifeste le désir de raconter *Le roi lion*[1] et l'on note alors des capacités d'expression signée avec des associations : « Oncle méchant, Simba sourd?... » Par ailleurs, il se montre tout à fait capable d'écrire seul et sans modèle « Noël » et « lion », alors que l'épreuve de copie de figures est échouée.

> Au terme de cette observation, il apparaît que Stéphane est redevenu plus présent et qu'il a effectué de nombreuses acquisitions au cours de l'année. Même s'il demeure dispersé, souvent non contrôlé et maladroit, il est tout à fait canalisable. Il utilise les signes pour dénommer et commenter mais pas pour demander. Quand il souhaite quelque chose de l'interlocuteur, il utilise l'orientation du regard puis se précipite sur ce qu'il veut. Sa voix est également non contrôlée, mais elle existe et l'on note des timbres vocaliques différenciés.

Stéphane est alors admis dans un centre spécialisé avec un mi-temps pédagogique et un mi-temps thérapeutique.
Il emploie toujours des stratégies de communication totale pour transmettre et recevoir les messages. On relève des signes précis avec des marques syntaxiques, ses productions signées comportent fréquemment un accompagnement vocalisé mais la maman signale qu'il a plutôt tendance à vocaliser quand il « lit » ou écrit. En effet, Stéphane s'est nettement emparé de l'écrit comme média de communication. Ses marques graphiques comportent un mélange de dessins précis, de mots écrits ou de chiffres. Il parvient ainsi à nous expliquer qu'il a vu un avion au-dessus de la forêt qui indiquait sur un panneau publicitaire un numéro de téléphone (fig. 16), ou encore qu'une fée avait une baguette magique pour transformer les gens. Par ailleurs, il écrit en lettres d'imprimerie : PAPA, MAMAN, VÉLO.

1. Walt Disney Productions, *Le roi lion*, Disney Hachette, Paris, 1997.

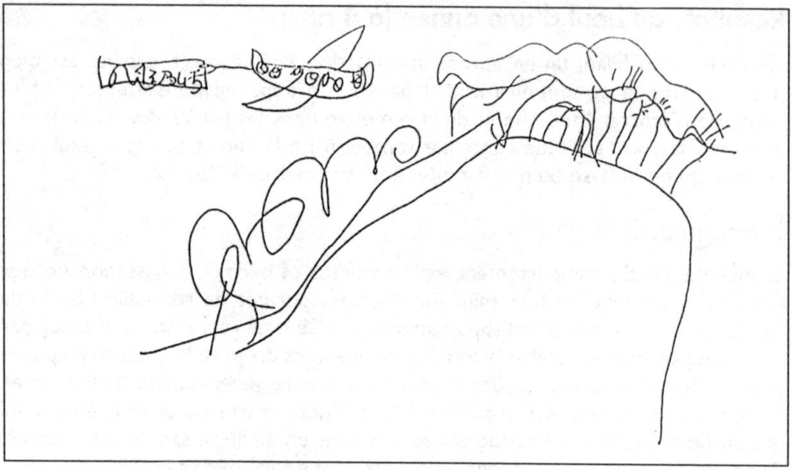

Fig. 16 — L'avion de Stéphane.

Langage oral

Face aux tests de dénomination, Stéphane produit essentiellement des voyelles aiguës /i/ et /é/. Il peut également produire des formes phonologiques comportant des voyelles /a/, /o/ et /ou/ et des consonnes /b/, /f/, /k/, /l/, /m/, /n/, /p/, /v/ avec un support gestuel. En fait, il s'est approprié la dactylologie de façon originale pour produire de la parole. Pour certains phonèmes, il utilise un support assez proche des gestes de Mme Borel-Maisonny, de la dynamique naturelle de la parole ou de la verbo-tonale.

Ce qui donne actuellement :

Pour les voyelles

A = dactylologie ou geste Borel-Maisonny.
I = dactylologie ou petit doigt qui monte.
OU = dactylologie dans la partie haute du visage.
ON = dactylologie près du nez.
AN = geste Borel-Maisonny.
É = geste Borel-Maisonny.

Pour les consonnes occlusives

P = dactylologie ou geste Borel-Maisonny.
B = dactylologie ou verbo-tonale (main en supination qui s'ouvre très lentement et doucement).
K = geste Borel-Maisonny ou verbo-tonale (deux index coincés dans l'articulé dentaire et déclenchement rapide de l'aperture).

Les autres occlusives ne sont pas encore acquises.

Pour les constrictives

F = geste Borel-Maisonny.
V = dactylologie sur le menton avec un mouvement d'avancée.
S = geste Borel-Maisonny avec l'index mais qui part de la lèvre inférieure.
CH = index et majeur de chaque main accolés et placés de chaque côté de la bouche arrondie avec les lèvres en protusion.
L = dactylologie avec mouvement vers le haut.
M = main entière qui passe devant la bouche (verbo-tonale).
N = dactylologie à la hauteur du nez.

Visiblement, Stéphane affectionne le recours à ces aides manuelles pour la production des sons. Mais celles-ci ne semblent pas fonctionner comme outil de langage.

Apprentissage lexical

Cependant, son stock lexical continue à se développer et apparaît en rapport avec son âge d'après le test de Mme Chevrie-Muller ; il est donné en signes à 100 % et quand Stéphane tente de donner une production sonore spontanée, on s'aperçoit qu'en fait il produit la forme dactylologique de certaines lettres du mot : par exemple *LP* pour lapin, *O* pour vélo, *B* pour bébé. Les tentatives de répétition donnent des productions vocaliques brèves ou longues en fonction du mot cible. Dans le *Vocim*, il comprend les quinze premiers items avec une saisie à 50 % en lecture labiale et 50 % par les signes.

Stéphane est par ailleurs très attentif dans toutes les situations d'échanges.

> On note que Stéphane continue à tirer bénéfice du port de l'implant même si une évaluation très précise ne peut être réalisée. Les répétitions obtenues sans lecture labiale dans les épreuves de dénomination révèlent qu'il commence à différencier les voyelles /a/, /o/, /ou/, /é/ et que les indices de longueur sont utilisés. La poursuite de la scolarité dans une structure permettant conjointement un travail sur la communication dans toutes ses modalités, une progression d'éducation auditive et une entrée dans l'écrit serait bénéfique à Stéphane. Pour la production, il apparaît indispensable de poursuivre sur les indices qui sont pertinents pour Stéphane et de faire le lien avec ce qu'il a mémorisé en prenant en compte ses stratégies de traitement, d'organisation et d'accès aux formes mémorisées.

Prise en charge dans un établissement spécialisé

Trois mois après le début de cette scolarité psycho-éducative, on note que l'enrichissement de la communication et le développement du langage sont nets.

Stéphane emploie toujours des stratégies de communication totale pour exprimer et comprendre le langage. Son stock lexical en signes est important et lui permet d'évoquer de nombreux items. On relève des marques syntaxiques dans ses énoncés. Le plupart du temps, ses productions signées comportent un accompagnement oral au départ de l'énoncé.

La lecture continue à faire partie de ses activités favorites. Il déchiffre de nombreux mots et les évoque conjointement en oral et en signes, mais le recours à la dactylologie est moins constant.

Face aux tests de dénomination, Stéphane produit essentiellement des signes mais la répétition du mot permet de noter l'existence de reconnaissance de consonnes. La boucle audio-phonatoire commence à s'activer mais elle n'est pas toujours utilisée pour accéder au sens.

En audition, le port de l'implant cochléaire est constant dans la vie courante scolaire, familiale, sportive et ludique. La nouveauté concerne également les interrogations qu'il formule à sa famille concernant les bruits de l'environnement. De plus, Stéphane les mémorise aisément et les évoque à distance de l'expérience concrète. Ainsi il précise qu'il a entendu pendant ses vacances à la montagne : la grenouille, l'aboiement du chien, le torrent, la vache, les cloches des vaches. Il effectue alors des associations avec ses inquiétudes (cris dans l'obscurité).

Au cours du bilan orthophonique, Stéphane est constamment vigilant et en alerte auditive. Il réagit à 100 % à l'appel de son prénom en voix moyenne sans soutien visuel et discrimine les bruits familiers du test. Il détecte les six sons mais ne les répète pas. On ne peut donc préciser sa discrimination phonétique par cette épreuve.

En liste fermée, Stéphane peut identifier de façon fiable et reproductible des mots mono- et bisyllabiques appartenant à son lexique, mais brusquement il renonce car il veut entendre le mot qu'il préfère et non la cible proposée. On note alors qu'il répète bien mais désigne mal.

> Stéphane continue à tirer bénéfice du port de l'implant sur le plan relationnel et développemental. Par ailleurs, on observe qu'il est passé à un stade de discrimination possible des éléments phonologiques de la langue. Il apparaît souhaitable d'orienter son traitement du langage sur des unités plus longues. Un travail sur les mélodies et les comptines a été proposé à la maman qui s'interroge une nouvelle fois sur le recours au LPC pour augmenter la durée d'attention à des structures plus longues. La poursuite de la scolarité dans le même type d'établissement est envisagée pour l'année suivante.

Bilan pluridisciplinaire en cours élémentaire (à 7 ans)

À mi-parcours de cette nouvelle année, un bilan pluridisciplinaire est réalisé. Stéphane est alors âgé de 7 ans et effectue une scolarité spécialisée d'un niveau cours élémentaire.

L'évaluation médicale. — Elle est difficile car Stéphane a besoin de bouger en permanence. Il est hyperactif et répond très rapidement aux diverses sollicitations. Au cours de ces divers examens, aucun mot intelligible n'est relevé par le médecin. L'audiométrie tonale met évidence avec l'implant des seuils à 30 dB. L'audiométrie vocale en test d'images est positive car Stéphane identifie la plupart des mots du test d'images, mais il désigne très rapidement l'item cible dès les premières informations.

L'évaluation psychologique. — Elle met en évidence des compétences cognitives supérieures et très homogènes mais il faut le canaliser pour qu'il attende la fin de la consigne avant de réaliser la tâche demandée. Son expression graphique est d'excellente qualité et, là aussi, on note que la réalisation est en rapport avec son âge. Pendant les différentes épreuves, la psychologue note une anxiété importante qui apparaît spécifiquement aux labyrinthes et assemblages d'objets. La relation individuelle est possible et Stéphane comprend et se fait comprendre par les signes ou le dessin. Il a de l'humour et peut plaisanter sur lui-même et la situation.

L'évaluation linguistique. — Elle révèle un enrichissement important de la communication. Stéphane interroge l'interlocuteur, notamment sur l'environnement, fait des commentaires sur les lieux et sollicite l'échange. Il accepte d'attendre mais veut alors dessiner et révèle ainsi ses qualités d'observation et d'humour.

L'évaluation comportementale. — Dans la communication, Stéphane utilise majoritairement la modalité signée qu'il accompagne de syllabes dupliquées. Dans les tests, on note d'emblée qu'il est très concentré et qu'il peut rester longtemps sur une tâche.

L'évaluation lexicale. — Son niveau lexical évalué par le test de l'EVIP proposé en lecture labiale et audition permet d'observer plusieurs aspects de son traitement du langage. Tout d'abord, on note qu'il capte et intègre très rapidement le mot cible. À partir de là, il effectue des commentaires *via* la sollicitation de la mémoire épisodique et ramène la cible dans le champ de ses connaissances et expériences personnelles. Son score global le situe dans le groupe des enfants de 5 ans. Quand il sature, soit il évoque qu'il est l'heure et qu'il faut se dépêcher sinon sa maman aura une contravention; soit il montre sur la planche de désignation l'image qui lui plaît le plus pour se débarrasser de la tâche.

Exemples

Pour l'item *accident*, il rapporte que la police va arriver, que l'on va soigner les blessés.
Le *bandage* évoque pour lui le pansement de son oreille après la chirurgie de mise en place de l'implant.
En raison des ambiguïtés de la lecture labiale, les sosies consonantiques provoquent des confusions lexicales : *pneu* = *porte*, *coude* = *cou*...

L'évaluation syntaxique. — La syntaxe se met en place tout autant en signes qu'en langue écrite. Ainsi il tente face à une histoire en images de produire l'énoncé suivant :

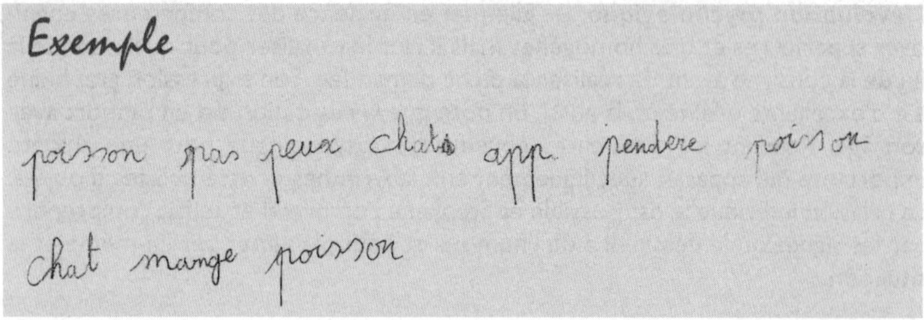

Il peut déchiffrer en lecture les dix premiers items du LMC avec un bon niveau d'accès sémantique.

La phonologie. — Elle est encore incomplète…

- Le système vocalique comporte : /a/, /u/, /ou/, /é/, /i/.
- Le /o/ est donné en /ou/.
- Le /in/ en /m/ ou /gn/.
- Le système consonantique comporte : /p/, /t/, /d/, /b/, /m/, /n/, /l/, /f/, /s/, /ch/, /v/.
- Il a recours à une aide gestuelle pour produire les voyelles et certaines consonnes comme le /j/.

Perspectives

L'histoire de Stéphane pose des questions sur le rapport entre les différentes mémoires et l'élaboration de ses apprentissages.

La mémoire des contes et des histoires semble lui avoir permis d'enrichir sa pensée symbolique et de construire sa connaissance des formats avec structuration du déroulement des événements et cohérence des enchaînements.

La mémoire auditive activée par l'implant l'a entraîné, semble-t-il, dans le partage de l'expérience auditive et dans une relation plus étroite à l'environnement.

La mémoire kinesthésique et somesthésique travaillée par différentes approches (dynamique naturelle de la parole [DNP], Borel-Maisonny, verbo-tonale) lui a permis de construire des possibilités expressives, qui pour l'instant demeurent potentielles car il les utilise peu. L'avenir permettra de savoir si son organisation neurologique intègre ses capacités dans l'ensemble de ses compétences.

L'évolution très positive de ces derniers mois permet d'orienter le travail sur le lien entre ces différentes mémoires dans ses apprentissages langagiers.

Le développement personnel, verbal, cognitif et affectif de ces deux enfants est bien évidemment fort différent. Leur parcours éducatif et rééducatif révèle l'importance de la stimulation des différents processus mnésiques et notamment kinesthésiques dans l'élaboration de leur langage oral. Le développement de leur mémoire épisodique leur a permis de construire des connaissances sémantiques solides. L'un comme l'autre ont développé d'excellentes stratégies de mémorisation qui étayent leurs acquis et leur construction du langage.

5

DÉVELOPPEMENT DE LA MÉMOIRE ET AXES RÉÉDUCATIFS

Introduction : les différentes phases du travail mnésique

La mobilisation des différentes mémoires apparaît fondamentale pour construire le lexique, ainsi que pour développer et utiliser le langage dans ses modalités orales et écrites. Et si l'on admet que certains troubles des systèmes linguistiques ont des rapports avec les processus mnésiques, il apparaît souhaitable de dépister les troubles de la mémoire et d'entreprendre au cours des prises en charge orthophonique un travail spécifique sur l'organisation des procédures sollicitant les différentes mémoires.

Il est essentiel de dégager des axes rééducatifs permettant à chaque enfant, en fonction de ses compétences propres, de développer les capacités mnésiques nécessaires aux apprentissages linguistiques : phonologie, lexique, syntaxe sémantique et pragmatique.

Stimuler sa mémoire, c'est travailler chaque niveau du tableau IV (ci-après).

L'attention

« L'attention est le burin de la mémoire » aurait dit Montaigne.

La mobilisation de l'attention peut être considérée comme le stade initial du travail d'activité mnésique. Elle est stimulée dans la phase d'anticipation qui correspond à la mise en projet.

L'attention fortement liée à la motivation prépare les récepteurs au recueil des informations. Cette envie d'apprendre, de recevoir, de participer et de comprendre stimule les capteurs sensoriels. L'attention nécessite de la part du sujet une attente par rapport à un événement qui va arriver et déclenche une attitude active pour détecter, observer, localiser…

Tableau IV — Les différentes phases de la mise en mémoire

Phase 1 **ANTICIPATION**	• Attention	– *je suis là pour*	*Conditionnée par :* – motivation ; – attente ; – attitude active ; – charge affective.
Phase 2 **PERCEPTION**	• Perception – auditive – visuelle • Perception kinesthésique et somesthésique • Perception olfactive	– *j'écoute* – *j'observe* – *je bouge* – *j'éprouve* – *je sens*	*Conditionnée par :* – qualité des récepteurs ; – intensité de l'information ; – circonstances ; – inhibition.
Phase 3 **INTÉGRATION**	• Organisation • Association • Structuration • Entraînement	– *je repère* – *je crée des images mentales* – *j'associe* – *je répète*	*Conditionnée par :* – sélection ; – concentration ; – style cognitif.
Phase 4 **RÉPONSE**	• Évocation • Stockage	– *je me rappelle*	*Conditionnée par :* – aide-mémoire ; – conditions d'entrée ; – psychologie (boîte noire).

Pour Antoine de La Garanderie[1], « être attentif », c'est faire exister le monde dans notre tête, le faire vivre en nous et pouvoir l'évoquer mentalement.
Pour Moscovitch[2] et Craik, « le fait de porter attention à la cible et de la traiter sémantiquement la rend plus distinctive et la trace mnésique correspondante sera plus aisément récupérable ». Un événement appréhendé est obligatoirement saisi et encodé par l'hippocampe (voir chapitre I, fig. 2, p. 7) ce qui nous permet de stocker automatiquement de l'information et de répondre de façon réflexe à des indices en provenance de l'environnement. Ce système hippocampique, capable de stocker automatiquement de l'information, est utile car dans la plupart des cas nous ignorons ce que nous souhaitons retenir. Des souvenirs d'événements quotidiens ou des indices de l'environnement peuvent surgir brutalement dans notre esprit et révéler la force de ce stockage automatique,

1. A. de La Garanderie, *Les profils pédagogiques*, Le Centurion, Paris, 1987.
2. M. Moscovitch, *Système de mémoire chez l'animal et chez l'homme*, Solal, Marseille, 1996.

tandis que les effets d'amorçage permettent de récupérer de l'information stockée de cette manière.
Le travail d'organisation, de contrôle et de placement dans un contexte historique approprié est géré par des processus placés sous la responsabilité des lobes frontaux. Il est donc intéressant de différencier certaines situations où l'on enregistre les événements ou connaissances de façon spontanée, automatique sans effort, des apprentissages qui requièrent une attention spécifique.

> Le geste de l'attention comporte trois phases :
> – la mise en projet;
> – la phase d'acquisition;
> – la phase de visualisation mentale (revoir dans sa tête).

L'IMPORTANCE DU CONTEXTE

Pour faciliter l'apparition de l'attention et son action efficace dans le processus de mémorisation, il est indispensable de travailler tout autant sur le contenu que sur l'environnement. Si l'orthophoniste doit initialement repérer les situations, les matériels, les formes d'apprentissage et de mémorisation intéressant l'enfant puis être inventif dans leur utilisation afin de créer l'appétence, source de l'attention et les conditions optimales de son fonctionnement, il doit aussi, à travers sa relation avec l'enfant et le cadre « matériel » apaisant proposé, offrir un environnement assez neutre et sécurisant pour ne pas détourner ou inhiber l'attention naissante. Car « pour bien apprendre et retenir, il faut se sentir doué et être libre » (Lieury, 1996).

Exemples

Véronique, petite fille sourde de 4 ans, apprécie depuis les premières séances d'orthophonie les jeux d'odeur. Par l'utilisation de lotos, elle produit et mémorise l'expression de sentiments en rapport avec un vécu immédiat : plaisir face au parfum des chewing-gum, dégoût face au tabac. Elle exprime par une verbalisation accompagnée d'une mimique appropriée « bon » *versus* « pas bon » ou « oh lala ». Elle active ainsi des représentations en rapport avec des éléments de son vécu et peut les actualiser dans une situation plus abstraite puisque personne ne fume ou ne mastique du chewing-gum pendant la séance !
Mathieu, jeune dysphasique de 5 ans, manipule longuement les dinosaures, puis les positionne à la queue leu leu et enfin se met à leur hauteur pour leur parler en émettant des onomatopées censées représenter pour lui le langage des stégosaures, brontosaures et autres diplodocus.
Antoine, qui est suivi pour une dyslexie tenace, s'installe à la table, allume l'ordinateur, accède au logiciel et réalise avec une grande concentration les exercices de manipulation des inversions en /ien/ et /ein/…

Ayant fourni un environnement permettant la détente (le stress est l'ennemi de la mémoire), la curiosité et une attitude active de découverte, on peut travailler plus spécifiquement l'attention visuelle, auditive ou motrice, en fonction des besoins de chacun.

EXERCICES POUR DÉVELOPPER L'ATTENTION EN FONCTION DES ENTRÉES PERCEPTIVES

L'attention visuelle

Elle peut se développer par des exercices d'observation, de détection de changements, de localisation.

Observation et rappel. — Face à un dessin, un tableau ou une couverture de magazine, on demande à l'enfant ce qu'il a repéré : les couleurs, les formes, le nombre de personnages, leurs occupations, leur localisation... Ce type d'exercice peut se pratiquer avec des boîtes de jeux que l'on utilise, ce qui permettra ensuite à l'enfant d'activer sa mémoire lorsqu'il souhaitera réutiliser ce matériel. On peut également proposer un tableau comportant divers types d'indices : lettres, dessins, marque de ponctuation, formes géométriques... Le proposer à l'enfant, puis l'enlever au bout d'une minute et demander ensuite une énumération des choses vues. L'enfant découvre ainsi ses stratégies spontanées (visuelles *versus* auditives) et prend essentiellement conscience de la nécessité d'avoir un projet pour bien tout percevoir donc pouvoir se rappeler.

Détection de changement. — Jeux des 7 erreurs, jeux de paires d'images avec des similitudes et des différences d'orientation, de couleur, de taille...

Localisation et contenu. — Jeux de Kim avec des séries de plus en plus grandes d'éléments permettant d'augmenter les capacités de repérage et de mémorisation :

– mettre des objets dans un sac et demander de les évoquer;
– dans une série, retirer un objet et demander ce qui manque;
– mettre des paires d'images sur la table puis les retourner et demander à l'enfant où se trouve l'autre image identique à celle que l'on vient de voir (memory);
– déplacer des personnages d'une série et demander de les remettre dans l'ordre initial...

L'attention auditive

Il s'agit d'être intéressé par l'environnement sonore et y être vigilant. Les oreilles humaines n'ont ni paupières ni possibilité de s'orienter. Or c'est par l'attention auditive à l'environnement que l'enfant va apprendre à identifier les sons et les bruits des paysages sonores, leur donner une signification puis transférer cette expérience à l'acquisition du langage. À partir d'équipement et de capacités dont le nouveau-né est muni, il exerce très précocement sa vigilance auditive. Un nourrisson est capable d'entendre et de distinguer les sons utilisés dans la plupart des langues. Mais en apprenant sa langue maternelle il se focalise et ne conserve que les sons utiles au langage parlé autour de lui; ainsi les bébés japonais font la différence entre la prononciation du /r/ et du /l/ alors que les adultes nippons en sont incapables. À l'inverse, passé 7 ans, un enfant qui n'a jamais entendu une parole a peu de chances de savoir parler. De même certains troubles d'articulation non repérés auditivement par l'enfant sont plus longs à rééduquer. L'attention auditive est fondamentale dans le traitement et la mémorisation du langage oral, tout spécialement dans les aspects phonologiques.

La sagesse populaire dit qu'il n'y a « pire sourd que celui qui ne veut pas entendre » et de nombreux parents nous signalent que leurs enfants ne les entendent pas alors que leurs capacités auditives sont tout à fait normales. Il s'agit d'un problème d'attention auditive, or dans notre monde environnant de plus en plus bruyant, il apparaît souhaitable de disposer de stratégies efficaces d'attention auditive. On va donc aider l'enfant à développer son attention au monde qui l'entoure par le biais d'entraînements et d'exercices d'audition.

Exercices

On va travailler :

1. *La détection des sons* : par l'appel de son prénom dans diverses situations, par des intrus sonores qui déclenchent une vigilance auditive.
2. *La localisation des sources sonores* et l'appréciation des distances par la manipulation de divers jouets sonores.
3. *Des repérages de bruits dans diverses situations* : en rééducation, au cours d'un trajet, à la maison, à l'école. Il est parfois souhaitable de demander à l'enfant de fermer les yeux pour se concentrer sur les afférences auditives.

L'attention motrice

Le corps immobile de l'élève avec le regard dirigé vers le tableau ou le livre semble pour l'enseignant une garantie d'attention. En effet, un enfant qui bouge et se déplace fréquemment, qui présente des mouvements incessants des mains, des yeux, ne peut être réellement attentif.

L'instabilité est fréquente avec des enfants qui présentent des troubles spécifiques d'acquisition du langage. Les jeunes dysphasiques associant parfois une hyperactivité à leur trouble de communication, il est nécessaire d'obtenir un contrôle de la position, un maintien postural pour permettre une attention spécifique aux tâches proposées. Les jeunes enfants sourds sont également souvent dans l'agi : manquant de repères auditifs, ils ont besoin de se déplacer, de manipuler, de toucher… afin de compenser cette carence avant de pouvoir être attentifs aux diverses sollicitations.

Exercices

Tous les jeux de poursuite d'objets, de « où est ? » mobilisent fortement l'attention visuelle et motrice.

Pour développer l'attention motrice, on peut entraîner l'enfant à :

1. *Être attentif à la position de son propre corps*, des autres, des objets. Le premier jeu de mémoire qui déclenche une grande attention motrice, c'est peut-être le jeu de « coucou ». Cette expérience d'apparition-disparition du visage de la mère permet d'être attentif à cette image si familière et fortement investie, et également de se la représenter pendant la phase où elle n'est pas visible.
2. *Se souvenir de mouvements* : ouvrir une porte, s'asseoir, se lever, suivre un parcours et se rappeler ces diverses actions sont autant de possibilités de travailler l'attention motrice. De même que des déplacements réalisés, les yeux fermés, ou des exercices de déplacements de doigts ou de rotation du poignet, ou encore des orientations successives des pieds ou des bras permettent de se mettre en situation d'éveil moteur.
3. *Repérer des déplacements d'objets* survenant d'une séance à l'autre, ce qui permet de focaliser l'attention sur l'environnement. Il est nécessaire de travailler tout autant les mouvements actifs que l'attention aux mouvements et déplacements. On peut donc interroger l'enfant sur des éléments de l'environnement et leur positionnement respectif, puis modifier les emplacements et interroger de nouveau l'enfant. On peut organiser des déplacements de personnages, d'objets ou d'animaux et poser des questions à l'enfant.
4. *Travail sur la mémoire prospective* : il s'agit ici de programmer un scénario, d'imaginer ce qui va se passer. Si je dois aller à l'école quel chemin, quelle direction, quel moyen de transport doit-on prendre, qu'est-ce qu'on pourra rencontrer sur le chemin : escalier, rue en pente, travaux…

Précisions sur le fonctionnement de l'attention

Les principaux outils du système attentionnel (attention implicite, attention endogène et mécanismes inhibiteurs) se développent progressivement.

Au départ, l'orientation de l'attention peut être commandée de manière exogène par apparition brutale d'un stimulus surprenant. Cette sollicitation peut éventuellement être requise par une autre modalité perceptive. Ainsi l'attention visuelle, l'orientation du regard peuvent être obtenues par l'appel tandis que l'arrêt d'une digression ou d'une activité intercurrente peut être requis par une mimique de désapprobation, un geste de la main ou une onomatopée. L'attention est capturée de façon automatique, indépendante de la volonté.

Avec l'enfant plus grand, les processus attentionnels peuvent être commandés de manière endogène, c'est-à-dire à la suite d'une décision volontaire et stratégique du sujet. Il est alors intéressant d'expliquer, de discuter avec l'enfant de la stratégie possible pour améliorer l'attention et se mettre en bonne condition.

L'efficacité du réglage attentionnel exige plusieurs années avant d'être optimal. L'inhibition de la représentation d'un distracteur n'est possible que si l'accès à cette représentation est par ailleurs automatisé. Au fil des années, le système attentionnel gagne en flexibilité et permet de régler le niveau de vigilance en fonction d'une part du contexte et d'autre part de la tâche requise. La vigilance ne sera pas la même pour suivre une leçon de géographie ou pour transcrire une dictée, ou encore rédiger une rédaction.

Même si le travail sur les différentes modalités attentionnelles est important, il ne faut pas négliger le fait qu'il existe des possibilités d'enregistrement automatique grâce à la mémoire limbique dont le circuit est activé automatiquement par des événements ou des informations chargés affectivement. Tous les apprentissages ne peuvent pas activer ce circuit limbique, mais on s'aperçoit que certains aspects peuvent être enregistrés presque à l'insu du sujet. Ces procédures sont activées dans certains domaines d'acquisition verbale comme les aspects suprasegmentaux de la parole, les structures syntaxiques ou l'acquisition d'éléments lexicaux ou certains domaines du langage écrit.

Exemple

Nous nous rappelons aisément d'une personne, d'une situation, d'un tableau, d'un film ou d'un livre qui a suscité un sentiment fort positif ou négatif. L'information enregistrée et mémorisée est solide et stable. Certaines acquisitions encyclopédiques passent par ce canal : ainsi le nom des dinosaures, les étapes de la construction d'une pyramide, les accès aux divers logiciels… permettent à certains passionnés de mémoriser sans attention spécifique ni effort volontaire d'apprendre.

La perception

La perception précise de l'événement permet d'entrer dans la phase d'acquisition. Pour être bien mémorisée, l'information doit être :

- « intelligible »;
- chargée de signification;
- structurée;
- en rapport avec l'ensemble de nos connaissances.

On perçoit avec le cerveau. On entend, on voit, on sent… avec le cerveau. L'oreille, l'œil, le nez ne sont que les récepteurs d'information décodée par le cerveau. De la qualité de la perception dépendront la précision et la justesse de la trace mise en mémoire.

EFFICACITÉ PERCEPTIVE

L'efficacité perceptive dépend de :

– la fonctionnalité des récepteurs, c'est la raison pour laquelle il faut dépister à tous les âges de la vie les troubles de la vue et/ou de l'audition et tenter d'y remédier par les appareillages appropriés : lunettes, prothèses auditives augmentent la quantité d'informations perçues par les sens déficitaires;
– l'intensité des sources : l'intensité trop faible (hypostimulation) ou trop forte (saturation — seuil de douleur) des stimuli visuels ou auditifs dégradent la précision perceptive. Un éclairage insuffisant ou trop violent, une lisibilité atténuée par un manque de contraste réduisent l'efficacité de la perception visuelle tout en provoquant une fatigue qui accentue encore plus les difficultés perceptives. De même une acoustique défectueuse, une voix trop faible ou trop forte, un bruit de fond trop intense ne permettent pas une saisie efficiente de la parole;
– enfin le comportement psychique du sujet en temps réel (angoisse...) ou son état somatique (douleur...) peuvent inhiber les perceptions.

> Les perceptions nécessitent donc à la fois des conditions spécifiques internes et externes.

PERCEPTION VISUELLE DU LANGAGE

De tous nos sens, c'est la vision qui s'avère la plus efficace pour la mémorisation. La perception visuelle intervient dans de nombreux domaines du langage :

– le développement de la parole;
– la compréhension du langage;
– l'acquisition de la langue écrite.

D'après Liberman, le module perceptif de la parole, c'est la gestuelle de l'expression orale qui correspond à l'onde acoustique et non aux caractéristiques acoustiques du signal. La même information peut être transmise non seulement par des sons mais aussi par le biais de la vision, comme c'est le cas dans la lecture sur les lèvres (effet McGurk). On peut observer des effets d'amorçage par répétition auditive ou visuelle puisque les deux sont encodés par un même module (Campbell, Landis et Regard, 1986).
Voir la parole est naturel et utile pour comprendre un énoncé oral, même chez les personnes entendantes. Percevoir les mouvements des lèvres et le rythme d'élocution du locuteur améliore l'intelligibilité. Cette perception renvoie aux aspects moteurs du langage et de la phonologie.

Aspects caractéristiques de la lecture labiale

La lecture labiale comporte deux caractéristiques particulières : un aspect morphologique et un aspect dynamique.

Ces données sont bien connues en neurologie. Les patients cérébro-lésés qui ont conservé de bonnes capacités au niveau des zones corticales du mouvement ne peuvent lire en lecture labiale, alors qu'ils voient bien le mouvement ; et inversement, ceux qui ont des troubles concernant la perception du mouvement, mais pas la forme, peuvent lire labialement les voyelles mais ne peuvent suivre un discours continu.

L'aspect dynamique (débit, rythme) permet de classifier le discours tandis que l'aspect morphologique donne accès aux informations segmentales permettant des différenciations phonologiques, qui complètent celles en provenance de l'audition. Il existe une grande redondance dans les informations verbales et la répartition des modalités de perception visuelle et auditive permet une saisie complète du message (fig. 17).

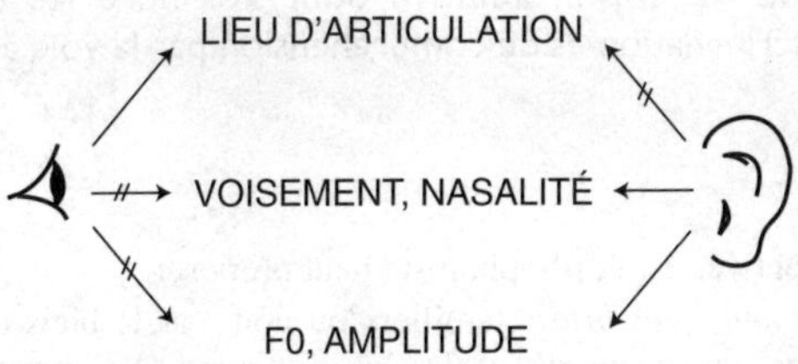

FIG. 17 — Schéma de la perception visuelle et auditive.

Organisation visuelle et apprentissage

La perception visuelle intervient également dans le contexte qui environne l'apprentissage. La prise en compte de ces éléments contextuels facilitera le rappel ; il est donc essentiel de bien les percevoir au moment de l'encodage. Il faut apprendre à déclencher fréquemment l'arrêt sur image, à « prendre une photo », à observer puis fermer les yeux et essayer de revoir l'image, la situation, l'environnement dans tous ses détails.

De nombreux jeux font appel aux perceptions visuelles et permettent ainsi de développer les capacités perceptives qui sous-tendent l'organisation visuelle.

Exercices

1. Distinguer une forme d'un fond.
2. Décrire sa classe.
3. Repérer des parties manquantes d'un dessin.
4. Dessiner sa chambre.
5. Découvrir un personnage dans un dessin (*Charlie*).

6. Faire des mots fléchés.
7. Évoquer rapidement des images ou des mots à peine vus.

> Il faut rappeler que, contre toute attente, l'évocation est plus rapide lorsque nous voyons un mot écrit plutôt que sa représentation imagée. Ainsi lorsqu'on demande à une personne d'évoquer ce qu'elle voit ou ce qu'elle lit le plus rapidement possible, on obtient toujours une réponse plus rapide face au mot écrit, quels que soient l'image ou le mot.
>
> Pour A. Lieury[1], l'explication est simple : « Le traitement des images est plus compliqué que celui des mots écrits. Nous accédons toujours au sens des choses directement, alors qu'il faut traduire sémantiquement les informations graphiques que nous voyons avant de pouvoir les nommer d'où un retard à l'allumage. »

PERCEPTION AUDITIVE

Il s'agit ici de percevoir précisément ce qui est proposé, donc de dépasser les stades initiaux de l'attention auditive pour atteindre les opérations plus complexes de discrimination et de compréhension par la voie auditive.

Exercices

Les exercices sont variés, l'orthophoniste peut proposer :

1. *La reconnaissance des bruits* familiers ou non, par le biais de l'expérience motrice avec des jouets sonores et des lotos sonores. Au niveau des mots, on proposera des reconnaissances d'items phonétiquement proches. Il s'agit de tâches de gnosies auditives (BIA, Dumont, 1996).
2. *L'identification des voix, des mélodies*, en jouant à l'orchestre, en écoutant des enregistrements d'histoires.
3. *L'organisation temporelle de l'onde acoustique* : par des jeux de rythme, de successions d'instruments sonores, d'onomatopées… Par la répétition de successions de voyelles, de syllabes, de mots, de chiffres, de phrases de plus en plus longues.
4. *La compréhension* pourra être travaillée : par la détection d'intrus phonologiques ou sémantiques dans des séries de mots, par des tâches de traitement sémantique de phrases avec des réponses vrai/faux : *Dans les arbres poussent des bruits. Mon coussin est énervé…*

PERCEPTION OLFACTIVE

Elle est très liée aux émotions, on peut la travailler spécifiquement par des lotos d'odeurs ou des images mentales déclenchées dans des situations où les parfums, les diverses effluves prennent tout leur sens dans un contexte spécifique.

1. A. LIEURY, *La mémoire : du cerveau à l'école*, Flammarion, Paris, 1993.

Exercices

L'orthophoniste peut proposer des publicités de recettes de cuisine, des photos de situations odorantes (marché, plage, métro, campagne, hôpital...), des poèmes évoquant des parfums...

PERCEPTION KINESTHÉSIQUE

Exercices

1. On peut entraîner l'enfant à *porter attention à la succession de gestes* qu'il fait pour se rendre dans un lieu spécifique, à la maison ou à l'école.
2. *Les exercices de rythme de marche* sont également très intéressants : marcher comme un petit soldat, comme un ours, comme un équilibriste sur un fil.
3. *La reproduction des séries gestuelles* avec la main : paume, poing, côté... Elle permet de développer l'attention aux gestes fins qui seront importants pour les praxies verbales ou graphiques.

PERCEPTIONS SOMESTHÉSIQUES

Ces perceptions sont très importantes dans la construction phonologique avec la notion d'empreinte articulatoire. Elles ont été mises en évidence dans la théorie motrice de la parole et sont utilisées dans des approches spécifiques comme la méthode des mouvements minimaux.

L'intégration et l'organisation

On entre ici dans la phase de rétention au cours de laquelle il s'agit d'organiser les données pour se les rappeler avec précision. Pour cela, il faut se concentrer, c'est-à-dire inhiber certaines perceptions pour mieux se fixer sur des éléments particuliers et réaliser des associations.
Les exercices à ce niveau portent sur une analyse en profondeur de la cible.

> Il s'agit :
> – d'inhiber pour éliminer;
> – de sélectionner;
> – d'associer afin d'organiser les messages délivrés par l'environnement et de faciliter leur mémorisation.

CONCENTRATION

Pour bien fixer et retenir, se concentrer est indispensable, mais il ne faut pas confondre l'attention et la concentration. Ces deux opérations cognitives ne se situent pas au même niveau (fig. 18).

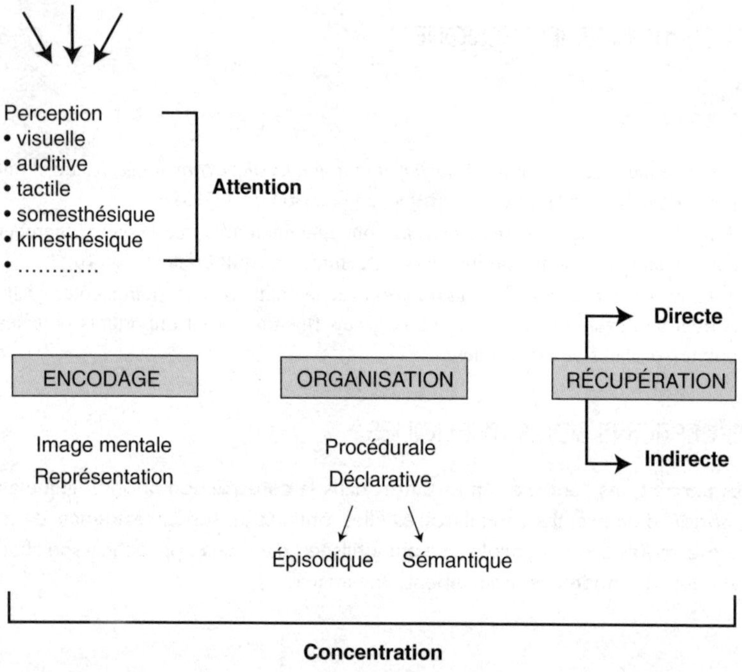

FIG. 18 – Importance de la concentration.

Être attentif, porter son attention (tableau IV, p. 90) à quelqu'un ou à quelque chose c'est :

– se mettre dans un état d'attente;

– être réceptif;

– mettre ses sens en éveil.

Pour bien voir, il faut se rapprocher du tableau ou demander de la lumière si la pièce est insuffisamment éclairée. Pour bien écouter, il est nécessaire de se taire, d'éteindre la télévision, de débrancher son baladeur. Pour sentir, il faut accepter d'avoir un accès direct aux émotions. Pour se mobiliser d'une façon motrice efficace, il ne faut pas taper n'importe comment sur l'ordinateur, se contorsionner sur la table, tenir son crayon de manière inadéquate, tourner le livre dans tous les sens…

Se *concentrer*, c'est focaliser son attention, analyser en profondeur et repérer des structures. Lorsque nous nous concentrons sur quelque chose, nous devons faire en sorte d'ignorer tout le reste pour laisser apparaître une organisation, une succession logique, une structure dans ce qui est proposé. Il va donc falloir inhiber certaines procédures et certaines stimulations en provenance de l'environnement. Pour permettre aux processus cérébraux de s'activer et de déclencher les apprentissages, il ne suffit pas de les stimuler au bon moment, il faut également leur permettre de se fermer aux informations inutiles. En l'absence d'inhibition, l'envahissement par des informations parasites endogènes ou exogènes entraîne des dysfonctionnements cognitifs et comportementaux majeurs pouvant aller jusqu'à empêcher tout apprentissage.

On peut en rééducation agir à la fois sur l'environnement et sur l'activité elle-même.

Environnement

– Travailler dans une pièce calme.
– Ne pas avoir trop de matériel.
– Supprimer les facteurs de distraction : éteindre l'écran de l'ordinateur, ranger le matériel non utilisé.
– Proposer des séquences courtes de travail.
– Utiliser du matériel simple et dépouillé, ce qui facilite la focalisation de l'attention.
– Obtenir une stabilité motrice de l'enfant.

Activités

– Indiquer clairement les stratégies : écouter, regarder, faire, se rappeler.
– Évoquer l'organisation temporelle de ce qui va être proposé.
– Donner des repères pour soutenir les tâches verbales : différencier les lettres par des couleurs contrastées consonnes/voyelles, utiliser des surligneurs pour repérer les mots-clés ou certaines classes grammaticales, recourir à des pictogrammes.
– Solliciter isolément les modalités afin d'approfondir les analyses successives.

Exercices

1. *Concentration mentale*
– Compter ou épeler à rebours.
– Évoquer des mots à partir d'une succession de lettres pointées sur l'alphabet.
– Jeu de déduction, de logique…
2. *Concentration auditive*
– Réagir à chaque fois qu'on entend un phonème spécifique.
– Enlever la première lettre d'un mot et produire la structure restante.
– Compter le nombre de syllabes d'un mot.

3. *Concentration visuelle*

– Repérer des détails spécifiques d'un dessin, dénombrer des éléments.

– Chercher des indices dans des figures entremêlées.

– Exercices de codes lettre/forme.

– Algorithme, alternances, suites logiques dont il faut extraire des règles de production…

– Labyrinthe, nécessité de stratégies, de repérages de trajectoires complexes…

ASSOCIATION

Associer, établir des connexions constitue la base de l'organisation mnésique : l'association est essentielle car, en reliant les différentes informations issues de nos perceptions, nous activons des réseaux de connexions qui permettent la création d'une empreinte durable et facilitent le rappel.

Les représentations et associations visuelles sont intéressantes à développer. « Une image vaut mille mots » dit le proverbe. En effet, une idée est d'autant plus facilement retenue qu'elle est associée à une image, car notre cerveau préfère retenir une image à une suite de phrases. On ne parle pas ici de perception visuelle mais de représentation d'une image mentale visuelle qui peut être déclenchée à tout moment par un mot entendu ou vu, ou encore par une situation. L'image mentale est visuelle mais aussi verbale. L'imagerie sémantique nous permet de nous représenter des objets, des faits, des situations ou des événements.

Il faut donc apprendre à visualiser, à se représenter, à construire des images fortes pour qu'elles se fixent plus facilement. Ces images peuvent déclencher émotion, amusement ou répulsion, elles mobilisent plus fortement la trace mnésique. Elles doivent être précises, personnalisées, colorées, pourvues de détails, en mouvement.

La technique du cahier de vie, dans lequel sont reportées des traces de la vie de l'enfant, de ses expériences, de son quotidien, permet d'habituer l'enfant à créer des images et à relier les concepts à des empreintes multisensorielles favorisant les représentations et généralisations.

Pour accéder à des notions généralisables, on peut utiliser des pictogrammes, mais il faut entreprendre un *travail de mise en relation* en multipliant les liaisons avec le vécu, avec des notions voisines, avec un contexte…

Remarque

Tout ceci permet et favorise l'intégration d'acquisitions nouvelles grâce à des associations. On peut dès lors entraîner l'enfant en l'aidant à développer des associations moins centrées sur lui-même et son vécu.

Exercices

1. *Association sémantique* : organisation logique d'une histoire en images, indexation, association de formes de nuages à une idée…
2. *Association visuelle, auditive, logique* : recherche de personnages à partir d'indices, paires, recherche d'éléments manquants, empilements, recherche d'enchaînements pour mémoriser des listes, mise au point d'abréviations… Il s'agit donc de favoriser des classifications.

STRUCTURATION

Ce travail intervient tout spécialement dans le développement du lexique.

Les réseaux associatifs

La technique du cahier de vie qui permet de travailler les référents des items lexicaux ne doit pas faire oublier que la principale difficulté se situe au niveau de la généralisation et de la structuration du lexique. Plutôt que d'apprendre à chaque fois un nouvel item lexical, qui permettrait théoriquement à l'enfant d'élargir son stock, il est souhaitable d'effectuer avec l'enfant sourd, dysphasique ou dyslexique des « promenades » dans le lexique et de travailler très précocement les réseaux qui permettent aux mots d'exister au-delà du lien univoque entre le signifiant et le signifié. La priorité doit être donnée à la construction de réseaux lexicaux et aux stratégies d'activations de ces réseaux (fig. 19).

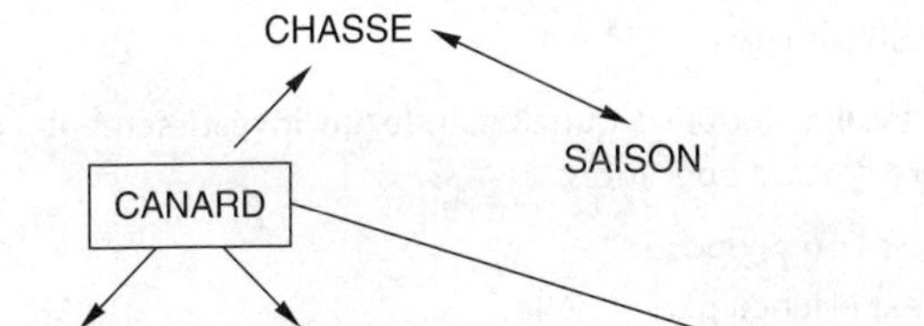

FIG. 19 — Des réseaux cognitifs possibles du mot « canard ».

Après l'acquisition du prototype (ici le mot « canard »), l'enfant parvient au niveau superordonné par des processus de généralisation. Cette étape est franchie au bout d'un apprentissage de longue durée qui permet à la mémoire sémantique de se structurer. L'enfant s'appuie sur des processus mnésiques pour utiliser les connaissances qu'il a déjà, et établir de nouveaux réseaux lui permettant d'inclure ce nouvel item dans l'ensemble de ses connaissances générales. On ne se situe plus au niveau de l'expérience, mais du concept qui nécessite la mise en œuvre de tous les liens associatifs qui existent entre les différents niveaux. À ce moment-là, chaque mot n'est plus compris isolément, les unités prennent leur sens grâce aux rapports qu'elles entretiennent les unes avec les autres. Ces réseaux associatifs sont personnels : ils structurent la mémoire sémantique et permettent le développement du stock lexical.

Le travail rééducatif

Si les enfants qui présentent des troubles spécifiques mettent plus de temps à construire leur stock lexical — du fait de la réduction du nombre de présentation et de la nécessité de tout leur expliquer —, et de leur décrire les nouveaux concepts rencontrés, ils se révèlent compétents dans l'utilisation de la mémoire sémantique. Une fois qu'ils en ont compris les mécanismes d'association, ils l'utilisent et l'intègrent dans les stratégies de mémorisation. Ce sont ces mécanismes de classifications, catégorisations, généralisations qui sont à privilégier en rééducation pour augmenter le stock lexical.

Objectif

Le travail rééducatif a pour objectif une amélioration des compétences langagières d'une manière plus qualitative que quantitative. Il ne s'agit pas en premier lieu d'apprendre un vocabulaire nouveau, d'élargir à tout prix le stock lexical, mais plutôt d'organiser celui que possède déjà l'enfant. Il paraît essentiel d'aider l'enfant à élaborer des stratégies lui permettant d'optimiser ses capacités linguistiques quel que soit le niveau de départ.

Exemples de stratégies

Il s'agit d'un travail volontaire qui demande un investissement cognitif pour réaliser plusieurs types d'opérations :

- analyser ce que l'on propose;
- rattacher à l'expérience personnelle;
- classer en champs sémantiques;
- sélectionner les items en fonction de leur appartenance ou non à la série considérée;
- indexer, mettre dans un fichier;
- faire des schémas, résumer, répéter, réviser, élaborer une structure à partir d'éléments saillants…

> L'essentiel étant de donner à l'enfant l'occasion d'organiser les éléments épisodiques pour construire son savoir sémantique, ce qui lui permet des stratégies flexibles de récupération et d'actualisation. Apprendre et mémoriser s'appuient sur un ensemble d'opération de perception, de raisonnement et d'intégration.

Réponse : rappel, reconnaissance

La restitution ultérieure des informations fixées, hormis la restitution immédiate (ou empan), fait appel à des processus de récupération sollicitant différents types de mémoire.

La *mémoire explicite* et la *mémoire implicite* ne constituent pas des systèmes mais caractérisent des expressions de la mémoire. La mémoire explicite renvoie à la récupération consciente ou intentionnelle d'événements du passé, alors que la mémoire implicite renvoie à l'utilisation non consciente ou non intentionnelle d'informations préalablement acquises.

LES SITUATIONS DE RÉCUPÉRATION EXPLICITE ET IMPLICITE

Apprendre des informations nouvelles apparaît dans des situations de récupération explicite, c'est-à-dire des stratégies volontaires de recherches en mémoire comme la situation de récitation d'une leçon.

Le poisson

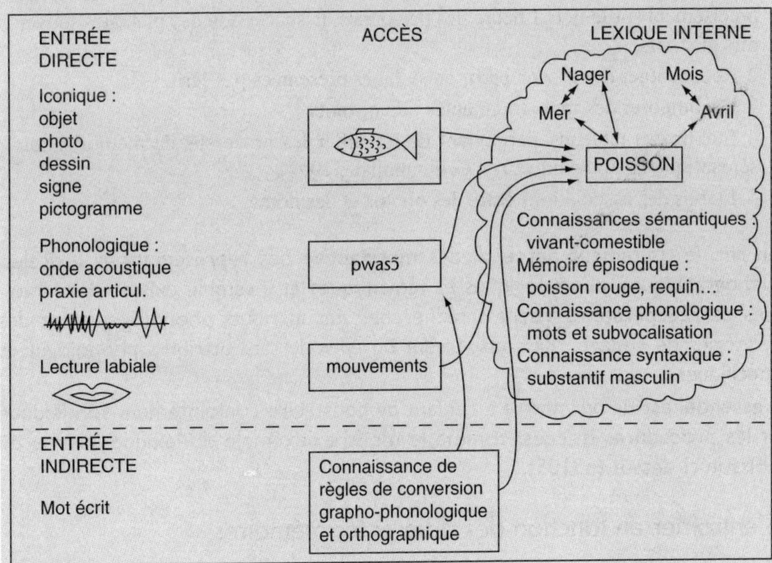

L'enfant passe la plupart de son temps à l'école à apprendre des *informations nouvelles* :

– des mots nouveaux pour enrichir son vocabulaire;
– des noms propres pour développer ses connaissances en histoire et géographie;
– des mots d'une langue étrangère.

Les modes de récupération sollicités dans la pédagogie obligent l'enfant à avoir des stratégies volontaires de recherche pour récupérer en mémoire des indices spécifiques à l'épisode.

Indices spatio-temporels : où et quand l'information est-elle apparue?

Indices phonologiques : comment ça se prononce éventuellement, comment ça commence ou comment ça se termine…

Indices sémantiques : au fond c'est quoi? À quelle catégorie appartient cette information? L'a-t-on appris en histoire ou en géographie?

Il existe également des possibilités de récupération implicite qui apparaissent dans certaines tâches au cours desquelles on découvre un effet facilitateur par un traitement perceptif antérieur.

Exercices

Pour aider l'enfant, on peut travailler en sollicitant les deux types de rappel.

1. Petit déjeuner : qu'avez-vous mangé ce matin au petit déjeuner? Travailler précisément sur le lieu, l'heure, les personnes, la succession des plats, les souvenirs gustatifs.
2. Reconstituer des mots à partir de syllabes présentées par écrit.
3. Recomposer des mots fragmentés : demi-mots.
4. Établir des tableaux permettant de travailler les processus de mémorisation sémantique ou épisodique. (*cf.* Orthopholiste, 1992).
5. Établir des associations entre des photos et des noms.

En fait, le traitement perceptif des mots active des représentations lexicales, orthographiques, phonologiques et sémantiques et il semble exister des stratégies de récupérations visant à rechercher des attributs phonologiques et des stratégies de codage, qui construisent un épisode sans attributs phonologiques spécifiques.

L'essentiel est de permettre à l'enfant de construire conjointement son lexique et les procédures d'accès, comme le montre l'exemple du lexique interne du poisson ci-dessus (p. 105).

S'entraîner en fonction des différentes mémoires

On peut proposer des entraînements spécifiques en fonction des différentes mémoires dont le tableau V donne quelques éléments.

Tableau V – Types de mémoires et méthodes d'entraînement

Type de mémoires	***Méthodes d'entraînement***
Mémoire de travail	– Subvocaliser. – Se répéter à soi-même. – Écrire dans un fichier.
Mémoire des noms	– Associer son et image. – Décomposer. – Créer des associations phonologiques. – Développer un stock visuel de mots.
Mémoire des concepts	– Apprendre 3 à 6 mots par jour. – Écrire dans un index alphabétique le sens de ces mots nouveaux. – Créer une image mentale en rapport avec le concept.
Mémoire des numéros	– Grouper par dizaine ou centaine. – Répéter. – Associer à des dates connues.

Perspectives

Importance de la révision : reposant sur des processus biologiques de connexions entre les neurones et diverses cellules nerveuses, on comprend bien que les stimulations répétitives renforcent les traces mnésiques; autrement dit, l'apprentissage « par cœur », bien que dévalorisé à notre époque, reste un entraînement utilisable pour tous les aspects de la mémoire. Ensuite, pour compenser l'oubli naturel dans le temps, il faut réapprendre de temps en temps à autre : c'est la révision (Lieury, 1993).

Intérêt des contes : le matériel offert par les contes est pour l'enfant l'occasion de faire le lien entre sa mémoire épisodique et sa mémoire sémantique, en respectant ses références culturelles.

CONCLUSION

Les différentes histoires cliniques étudiées au cours de l'ouvrage révèlent la complexité des prises en charge orthophoniques des enfants dont l'acquisition du langage est perturbée par des déficits perceptifs ou structurels. Pour certains enfants, leurs potentialités mnésiques préalables constituent un élément essentiel de la rééducation permettant de structurer les codes linguistiques et d'enrichir le langage. Pour d'autres il faut au contraire travailler spécifiquement les processus mnésiques en vue du développement du langage, particulièrement l'enrichissement lexical, l'organisation temporelle et les structures syntaxiques.

Le développement verbal, cognitif et affectif de chaque enfant étant spécifique, il faut recourir à des stimulations mnésiques adaptées à chaque cas. Pour ce faire, l'orthophoniste utilise des outils spécifiques continuellement renouvelés et adaptés à chaque rééducation. Parfois, la stimulation de processus kinesthésiques est souhaitable dans l'élaboration du langage oral; quelquefois, le recours à l'informatique favorise largement l'attention et le développement des capacités de mémorisation d'un stock de mots par le canal visuel.

La stimulation et l'intégration efficace de la mémoire épisodique dans le processus de rééducation orthophonique permettent la construction de connaissances sémantiques « solides » et « vivantes ». Celles-ci vont alors contribuer à l'élaboration de stratégies de mémorisation performantes, pérennisant les acquis langagiers et le développement global du langage. De plus cette dynamique « existentielle » de la mémoire déstructure les troubles réactionnels à l'échec dans un contexte relationnel et de communication convivial donc motivant.

Travailler sa mémoire c'est apprendre à apprendre; c'est constituer un outil universel pour se construire. Les enfants ont besoin de mémoire pour développer leur langage, forger leur identité, acquérir des savoirs et des savoir-faire indispensables à leur adaptation et à leur autonomie.

En cas de difficultés spécifiques d'acquisition du langage oral et écrit, les orthophonistes et les familles s'unissent pour aider les enfants :

– à percevoir avec plus d'acuité pour mieux saisir l'information, pour mieux la trier et n'en conserver que l'utile;

– à mieux organiser les données pour les stocker de façon durable et aisée à évoquer;
– à mieux solliciter l'imaginaire et produire des stratégies « flexibles » donc adaptables aux diverses situations.

La mémoire est une fonction qui structure le cognitif mais qui colore aussi la vie affective. Ainsi l'oubli, le refoulement sont des facteurs de régulation de la vie psychique tout aussi important que le souvenir accessible à la conscience. Il faut décharger sa mémoire de l'inutile non seulement pour acquérir de nouvelles connaissances ou souvenirs, mais pour conserver une cohérence mnésique indispensable à une activité cérébrale efficace. La réactualisation des souvenirs est essentielle pour l'entretien de la mémoire à long terme dont dépend la cohésion existentielle d'un individu.

Plus la mémoire est cultivée, tant par des connaissances que par des affects, plus elle favorisera une activité langagière utile à l'adaptation et à l'adéquation de la communication avec les autres. Enrichir sa mémoire de savoirs et élaborer ses souvenirs, c'est se pérenniser à travers la transmission de ses compétences, de son expérience, de son histoire.

L'orthophoniste en développant les potentialités mnésiques d'un enfant dans un sens fonctionnel contribue non seulement à l'éclosion de son langage et à la construction de son histoire, mais le prépare aussi à être un élément actif de la mémoire collective. En cela l'orthophoniste aura accompli cette fonction humaine essentielle qui est celle de « passeur de mémoire ».

ANNEXES : ÉPREUVES CLINIQUES

CONTRÔLE MENTAL

1. Réciter l'alphabet de A à Z.
2. Évoquer les jours de la semaine à l'envers en commençant par dimanche.
3. Compter à rebours de 20 à 1.
4. Compter de 3 en 3 de 1 à 40 (ou de 7 en 7 pour les plus grands).
5. Épeler ROUGE à l'envers.

ORDRES SUCCESSIFS

1. Prendre une feuille de papier de la main droite.
2. La plier par le milieu.
3. La poser par terre.

MÉMOIRE VISUELLE

Reproduction de trois formes.

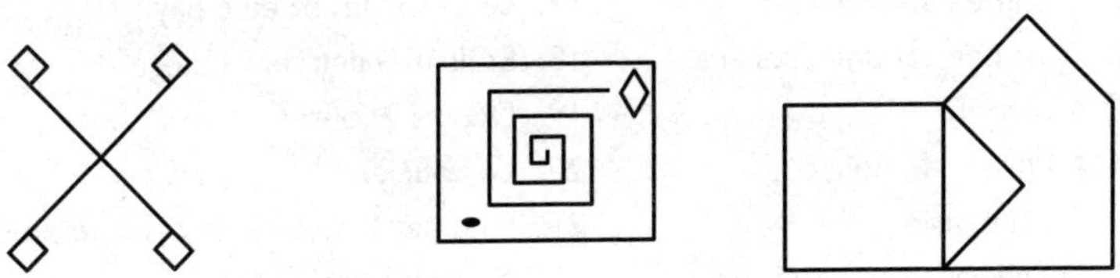

MÉMOIRE SÉMANTIQUE

Restitution d'une histoire entendue : *Le Lion de Barbizet* (McCarthy) et l'*Histoire d'Anne Boiron*, textes couramment utilisés par les orthophonistes.

L'histoire du lion de Barbizet

Le texte comporte 20 informations et on note combien d'informations sont restituées par le sujet après lecture.

1. Un lion
2. Nommé Sultan
3. S'échappe de sa cage
4. Mal fermée par un gardien négligeant
5. La foule nombreuse ce dimanche-là
6. S'enfuit vers les bâtiments
7. Une femme
8. Vêtue de bleu
9. Qui tenait dans ses bras
10. Son enfant d'un an
11. Le laissa tomber
12. Le lion s'en saisit
13. La femme en larmes
14. Supplia le lion
15. De lui rendre son petit
16. L'animal la regarda
17. Longuement
18. Fixement
19. Et enfin lâcha l'enfant
20. Sans lui avoir fait de mal

(Histoire concrète très imageable qui déclenche une forte émotion.)

L'histoire d'Anne Boiron

1. Anne
2. Boiron
3. Du XXe arrondissement
4. Travaillant
5. Comme cuisinière
6. Dans une cantine scolaire
7. A raconté
8. Au poste de police
9. De la mairie
10. Qu'elle avait été attaquée
11. Dans la rue
12. La nuit précédente
13. Et qu'on lui avait volé
14. Deux cent cinq francs
15. Elle avait quatre
16. Petits enfants
17. Le loyer devait être payé
18. Et ils n'avaient pas mangé
19. Depuis 2 jours
20. Le policier
21. Ému par l'histoire de cette femme
22. Organisa une collecte
23. Pour elle

APPRENTISSAGE DE MOTS COUPLÉS

métal – fer *accident – obscurité* *rose – fleur* *fruit – pomme* *nombre – quatre*	*bébé – cris* *école – épicerie* *obéir – avancer* *chou – plume* *lacet – laver*

Proposer trois rappels.

MÉMOIRE DES CHIFFRES

Cette épreuve permet d'obtenir un empan chiffre (digit-span). L'enfant est invité à répéter dans le même ordre des séries de chiffres qu'on lui propose. L'épreuve comporte sept séries de 2 à 8 chiffres. La cotation est d'un point par série répétée dans l'ordre et l'on arrête après un échec à deux séries d'un même nombre.

Séries	***Chiffres à répéter***	***Score***
2	29 37	
3	624 837	
4	3953 7284	
5	36925 15824	
6	918427 431752	
7	1825346 9624173	
8	38295174 74958261	
	TOTAL	

MÉMOIRE DES MOTS FAMILIERS

L'enfant est invité à répéter dans le même ordre des séries de mots qu'on lui propose. L'épreuve comporte sept séries de 2 à 7 mots. La cotation est d'un point par série répétée dans l'ordre et l'on arrête après un échec à deux séries d'un même nombre de mots.

Série	Mots à répéter	Score
2	*feu pain* *dos chat*	
3	*lit roue sale* *nez zoo trois*	
4	*lait parc nez chien* *pont mur lit chaud*	
5	*feu chat nez pain zoo* *roue dos feu lit train*	
6	*mur œuf sale mère pont chien* *pain feu dos chat roue nez*	
7	*coq feu lit nez lait trou chien* *lait mur sale pain chat coq roue*	
	TOTAL	

MÉMORISATION DE MOTS RARES

L'enfant est invité à répéter dans le même ordre des séries de mots qu'on lui propose. L'épreuve comporte sept séries de 2 à 7 mots rares. La cotation est d'un point par série répétée dans l'ordre et l'on arrête après un échec à deux séries d'un même nombre de mots.

Série	Mots à répéter	Score
2	*dune pli* *haie bac*	
3	*gaz lynx fût* *foi daim pouls*	
4	*roc glas mie ouate* *goût site foi baie*	
5	*scie lac fût vif gaz* *haie dune roc pli bac*	
6	*lynx foi faim glas site goût* *glas fût pli dune gaz ouate*	
7	*dune haie gaz foi roc goût scie* *glas daim site fût pli lac baie*	
	TOTAL	

MÉMORISATION VISUELLE DE MOTS FRÉQUENTS RÉGULIERS

L'enfant est invité à regarder les mots puis à les reproduire par écrit.

Série	**Mots à répéter**	**Score**
2	*café cheval* *moto bonbon*	
3	*samedi porte merci* *minute riche ouvre*	
4	*bébé sourire pomme balle* *facile partage chat lu*	
5	*vélo dimanche vite légume campagne* *garage chemise salade mot tour*	
6	*coq loin chien rouge pain vers* *dos cou fini chaîne peu main*	
7	*nous rue les deux vie je bien* *roi tout son dé mien feu peau*	
	TOTAL	

MÉMORISATION VISUELLE DE MOTS IRRÉGULIERS

L'enfant est invité à regarder les mots puis à les reproduire par écrit.

Série	**Mots à répéter**	**Score**
2	*pied Noël* *sept cœur*	
3	*œil scie zoo* *rhum yeux album*	
4	*compte nœud hors quand* *lorsque poêle chorale ailleurs*	
5	*beaucoup haie attention cahier joyeux* *accueillir gland rhinocéros cocktail rugby*	
6	*style monnaie sculpté accès plie ainsi* *persil psychiatre paquebot yaourt sceptre*	
	TOTAL	

FLUENCE VERBALE

Objectif : tester la qualité de l'organisation du lexique en réseaux privilégiés (typologie des relations sémantico-lexicales).

Phonétique (1 minute)

« Je compte pendant une minute et pendant ce temps, tu vas me dire le plus de mots qui commencent par /P/. »
Nombre de mots :

Sémantique (1 minute)

« Je compte pendant une minute et pendant ce temps, tu vas me dire le plus de mots de choses qui se mangent. »
Nombre de mots :

Étalonnage enfant

Âge	***Fluence***	***Écart type***
6 ans	*F. sém.* 8,11 *F. pho.* 4,06	3,36 2,47
7 ans	*F. sém.* 9,97 *F. pho.* 6,18	3,67 2,56
8-9 ans	*F. sém.* 11,34 *F. pho.* 7,88	4,116 2,471
9-10 ans	*F. sém.* 12,70 *F. pho.* 8,28	4,286 3,056

MÉMOIRE DE DESSINS

L'enfant est invité à regarder des images l'une après l'autre sans rien dire mais en faisant attention. Il doit ensuite les désigner dans l'ordre où on les lui a présentées sur une planche comportant tous les dessins. L'épreuve comporte sept séries de 2 à 7 mots-images. La cotation est d'un point par série désignée dans l'ordre et on arrête après un échec à deux séries d'un même nombre d'images.

Série	Images à désigner	Score
2	*chat bateau* *train voiture*	
3	*guitare bateau parapluie* *vache lit balle*	
4	*lit chat train voiture* *bateau parapluie train guitare*	
5	*éléphant vélo lit gâteau bonbon* *chat train vache balle voiture*	
6	*chat pomme train balle lit parapluie* *pomme guitare voiture train balle bateau*	
7	*parapluie train éléphant chat pomme lit balle* *vélo gâteau voiture guitare bateau bonbon vache*	
	TOTAL	

MÉMOIRE DE PHRASES

On propose à l'enfant de répéter des phrases de longueur croissante.

7 syllabes	1. Les lapins mangent des carottes. 2. Le chien court après le chat. 3. Il a perdu son vélo.
12-14 syllabes	1. Quand la voiture passe dans la rue on l'entend klaxonner. 2. Personne n'a encore jamais rien compris à ce mystère. 3. Hier matin il est allé à son travail en voiture.
16-18 syllabes	1. Comme c'est amusant un petit lapin blanc dans une grande cage. 2. Mon frère est allé chercher de nouveaux livres à la librairie. 3. Patrick demande à son père de l'emmener voir les clowns au cirque.
20-22 syllabes	1. Les journaux ont parlé de l'avion qui s'est écrasé hier dans la montagne. 2. Antoine n'a pas pu travailler avant de raconter toute l'histoire à ses amis. 3. L'été en vacances les enfants se lèvent de bonne heure pour aller nager.
26-28 syllabes	1. La télévision permet aujourd'hui de savoir ce qui se passe à n'importe quel moment sur la terre. 2. Les piverts à tête rouge font un bruit terrible lorsqu'ils essaient de chasser les petits de leur nid. 3. L'Égypte, représentée par une momie qu'enveloppaient des banderoles, se dresse au milieu des sables.

QUESTIONNAIRE

1. Quel âge as-tu ?
2. Quand es-tu né ?
3. Où sommes-nous ?
4. Quelle est la capitale de la France ?
5. Quelle est la date d'aujourd'hui ?
6. Quand a lieu la fête de Noël ?
7. Quelle heure est-il maintenant ?
8. Où sont tes chaussures de sport ?
9. Quel jour de la semaine sommes-nous ?
10. En quelle saison sommes-nous ?
11. Où sont tes clefs de la maison ? Où est ton cartable ?
12. Raconte ce que tu as regardé à la télévision hier.
13. Est-ce que tu comprends ce que tu lis ?
14. Tu achètes une revue à 18 F. Combien te rend-on sur 50 F ?
15. Comment fait-on pour mettre un ordinateur en marche ?

BIBLIOGRAPHIE

BIBLIOGRAPHIE GÉNÉRALE

ARNAUD-CASTIGLIONI R., PANCRAZI-BOYER M.-P., MICHEL B., COMBET P. — *La mémoire qui flanche, manuel à l'usage de ceux qui oublient et veulent se souvenir*. Solal, Paris, 1995.

BADDELEY A. — *La mémoire humaine, théorie et pratique*. Presses Universitaires de Grenoble, Grenoble, 1993.

BISHOP D., ROOSENBLOOM L. — *Classification of childhood language disorders*. Mac Keith Press, Oxford, 1987.

CAMUS J.-F. — *La psychologie cognitive de l'attention*. Armand Colin, Paris, 1996.

CAMPBELL R. — « Entendre grâce aux yeux : la lecture labiale comme processus cognitif » *in* : Bulletin d'audiophonologie, Besançon, 1999. Colloque des Neurosciences, Paris, 1996.

CELERIER P., AUDA M. — *Orthopholistes*. Ortho-Édition, Isbergues, 1992.

CHEVRIE-MULLER C., NARBONA J. — *Le langage de l'enfant, aspects normaux et pathologiques*. Masson, Paris, 1996.

DE AGOSTINI M. *et al.* — « Immediate memory in children age 3 to 8 ». *ANAE* n° 36, 1996, *p. 4-10*.

DE LA GARANDERIE A. — *Les profils pédagogiques*. Le Centurion, Paris, 1987.

DE ROTROU J. — *La mémoire en pleine forme*. Robert Laffont, Paris, 1993.

DUMONT A. — *Implantations cochléaires : guide pratique d'évaluation et de rééducation*. Ortho-Édition, Isbergues, 1997.

GAUQUELIN F. — *Développer sa mémoire, méthode Richaudeau*. Retz, Paris, 1979.

GÉRARD C.-L. — *L'enfant dysphasique*. De Boeck, Paris, 1993.

GILLET P., BILLARD C., AUTRET A. — « Aspects neuropsychologiques et développementaux de la boucle phonologique ». *Revue de Neuropsychologie*, vol. 6, n° 1, 1996.

GOMBERT J.-E. — « Mauvais lecteur : plus de dissynoptiques que de dyslexiques ». *Glossa* n° 56, 1997, *p. 20-27*.

JAMBAQUE I. *et al.* — Validation de la batterie d'efficience mnésique chez l'enfant d'âge scolaire. *ANAE* n° 3, 1991, *p. 125-135.*

LEPOT-FROMENT C., CLEREBAUT N. — *L'enfant sourd, communication et langage.* De Boeck, Paris, 1996.

LIEURY A. — *La mémoire : du cerveau à l'école.* Flammarion, Paris, 1993.

LURIA A.-R. — *Les fonctions corticales supérieures chez l'homme.* PUF, Paris, 1978.

NINIO J. — *L'empreinte des sens.* Odile Jacob, Paris, 1989.

MAZEAU M. — *Dysphasies, troubles mnésiques, syndrome frontal chez l'enfant.* Masson, Paris, 1997.

MONTFORT M., JUAREZ SANCHEZ A. — *L'intervention dans les troubles graves de l'acquisition du langage et les dysphasies développementales, une proposition de modèle interactif.* Ortho-Édition, Isbergues, 1996.

MOSCOVITCH M. — « La mémoire et le travail avec la mémoire : évaluation d'un modèle en composantes de traitement et comparaisons avec d'autres modèles » *in* : *Système de mémoire chez l'animal et chez l'homme.* Solal, Marseille, 1996, *p. 265-305.*

NEVILLE H., BAVELIER D. — « L'extension des aires visuelles chez les sourds ». *La Recherche* n° 289, 1996, *p. 90-93.*

SADEK-KHALIL D. — *Quatre cours sur le langage.* Isoscel, Paris, 1982.

SERON X., JEANNEROD M. — « La mémoire » *in* : *Neuropsychologie Humaine.* Mardaga, Liège, 1994.

SCHACTER D.-L — « Amorçage et systèmes multiples de mémoire : mécanismes perceptifs de la mémoire implicite » *in* : *Systèmes de mémoire chez l'animal et chez l'homme.* Solal, Marseille, 1996, *p 233-265.*

TIBERGHIEN G. — « Psychologie de la mémoire humaine ». *Sciences humaines* n° 43, 1994, *p. 25-28.*

TULVING E. — « Episodic and semantic memory » *in* : E. Tulving, W. Donaldson (Eds) *Organization of memory.* Academic Press, New York, 1972.

VALDOIS S. — « Les dyslexies développementales » *in* : *Approche cognitive des troubles de la lecture et de l'écriture chez l'enfant et l'adulte.* Solal, Marseille, 1996, *p. 137-151.*

VAN DER LINDEN M., BRUYER R. — *Neuropsychologie de la mémoire humaine.* Presses Universitaires de Grenoble, 1991.

VINTER S. — *L'émergence du langage de l'enfant déficient auditif : des premiers sons aux premiers mots.* Masson, Paris, 1994.

BIBLIOGRAPHIE PRATIQUE

CELERIER P., AUDA M. — *Orthopholistes.* Ortho-Édition, Isbergues, 1992.

CELERIER P. — *Supports verbaux en orthophonie.* Ortho-Édition, Isbergues, 1991.

DE ROTROU J. — *La mémoire en pleine forme.* Robert Laffont, Paris, 1993.

GIRARDET J., CRIDLIG J.-M. — *Vocabulaire* (niveau débutant intermédiaire, niveau avancé). Clé international, collection « Entraînez-vous », Paris, 1995.

LAPP D. — *Comment améliorer sa mémoire à tout âge.* Dunod, Paris, 1995.

PLUCHON C., SIMONET E. — *Cognition et mémoire.* Ortho-Édition, Isbergues, 1996.

LOGICIELS

– *Bonne mémoire*. Gerip, Franconville.
– *Comprendre et associer*. Gerip, Franconville.
– *Attention-concentration*. Gerip, Franconville.
– *Mémomot*. Stefinel, La Roche Maurice.
– *LDE (Dénomination écrite)*. Stefinel, La Roche Maurice.
– *Mémoire*. Audiolog, Paris.
– *Séquences*. Audiolog, Paris.

JEUX

– *Loto-Mémory d'actions*. Ortho-Édition, Isbergues.
– *Le voleur*. Ravensburger.
– *Mémomatch*. Ravensburger.
– *Memory*. Ravensburger.
– *Vous me reconnaissez*. Ravensburger.

INDEX

400684 - (IV) - (0,3) - OSB - 80° - SNE

ELSEVIER MASSON S.A.S.
62, rue Camille-Desmoulins
92442 Issy-les-Moulineaux Cedex
Dépôt légal : janvier 2010

Achevé d'imprimer sur les presses de
SNEL
Z.I. des Hauts-Sarts - Zone 3
Rue Fond des Fouarches 21 – B-4041 Vottem (Herstal)
Tél +32(0)4 344 65 60 - Fax +32(0)4 286 99 61
Janvier 2010 – 49737

Imprimé en Belgique